九宮奇門

做決策・卜運勢・看風水・催桃花，
人人都可用奇門遁甲助自己心想事成

新世代奇門推動者
子奇 老師 著

謝詞

此書能順利完成，首要感謝老天及我的家人，沒有祂／他們的加持與背後的支持，這一路走來，不會如此順利。其次要感謝我的學生　小龍老師，在他於本書文字內容與圖檔製作襄助之下，此書才能順利付梓。

我也特別感謝，「心語身心靈顧問中心」的負責人　張淑瑤老師及總監　鍾維麒老師，要不是他們倆的起心動念，不斷的在我背後推波助瀾，也沒法催生出此書。

還要感謝擁有多年命理書企製經驗的　劉毓玫小姐，在她的建議與指導下，本書更臻完善，及春光出版社對筆者的信任與支持，在如此不景氣的今天，此書才有機會問市。

最後要感謝在我這幾年的教學期間，教學相長，給我非常多寶貴意見及觀點啟發的命理風水五術先進，台中市五術教育協會　黃恆堉創會長，形家長眼法風水陳義霖大師，高雄市五術教育協會　李羽宸理事長，紫微斗數名師　范振木老師，道家九天奇門遁甲易經學會　劉家豐創會長，形家手面相名師　李淑貞老師。

期許每位讀者讀了此書後，都能夠深得其用，助己助人，助大家身體健康、一切順利、心想事成，謝謝大家，感恩！再感恩！

子奇

二〇二〇年十一月

目錄

作者序

一九八四年，初遇奇門

記得那時是我要參加大學聯考的考前三個月左右，有一天下午，我在重慶南路逛書店，看到架上一本書叫《科學奇門遁甲》（龍吟出版，陸飛帆著），當時心中納悶：「奇門遁甲不是三國演義裡諸葛亮用來呼風喚雨借東風的法術嗎？這不是小說裡才有的嗎？怎麼真的有這玩意兒呀？」

翻開此書一看，描寫如下：

「奇門遁甲」自古以來被稱為帝王之學，更與「太乙」、「六壬」合稱古傳三式。宋朝大文豪蘇東坡曾說過：「人皆養子望聰明，我被聰明誤一生。」在古代皇帝最怕比自己更聰明的人，這種人若不能收斂其才，往往腦袋要搬家，尤其是懂得奇門遁甲之人，凡懂此術，更是格殺勿論。因為此術可以扭轉乾坤、撥亂反正，而使對手陷於萬劫不復之地，懂此術者，若不能為我所用，而去幫了我的對手，那我豈不哀哉，哪能留它活口。昔日姜子牙、張良、諸葛亮及劉伯溫等人皆熟悉此術，以此輔佐明君，攻城掠地，成就不凡霸業。但因此術自古以來深藏於皇宮內院，能習此術之人有限，所以大多數人對奇門遁甲只有一層神祕的感覺，而無法多加瞭解。奇門遁甲在我國古代主要用於軍事、兵法方面。現代則可應用於商戰、事業、學業、求財、愛情、健康、家庭、環境等各方面的預測及風水調理，收效非常顯著。

書中洋洋灑灑描述奇門遁甲的神奇之處，但唯有一句特別吸引我的目光：「奇門遁甲源於兵法，所以在現代應用於考試競爭時，尤有奇效。」哇！我有沒有看錯？「應用於考試競爭時，尤有奇效」，剛好再三個月後，我不就要聯考了嗎？這一定是神啟！老天聽到了我的呼喚，特別在考前賜我此書！當下我二話不說掏了錢，心想：「我今年大學聯考就靠你了，這不就像是助我考聯考的葵花寶典嗎？」一個滿懷抱負，心有大志的年輕人，當時就站在大馬路旁等公車，手裡緊抓著一本書，內心激動雙手微顫，但眼神卻散發出堅毅肯定的神采。

回家後，我把自己關在房裡全心投入、日夜苦讀這本奇門遁甲祕笈。我媽媽發覺她的兒子像變了個人似的，每天埋首苦讀，心想今年她兒子考大學應該沒啥問題了，必定高中！殊不知她兒子整日苦K的是他的葵花寶典，異想天開用奇門遁甲來幫助他考試得高分。

苦心鑽研幾日之後，我明白了「奇門遁甲」其實是一門「時空能量學」。「時」，就是時間，「空」，就是空間、方位，掌握了奇門遁甲最基本的應用，計算出在特定的時間下，往有利的方向出發移動，就能藉由在此時空之下的日月星辰、山川大地，天地之間的「能量」，也就是炁（氣）的幫助，提升我們的運勢，讓我們辦事能事半功倍，就像這次的考試能帶給我好運，幫助我考試考高分。

這就好比一隻會計算風向的「奇門鳥」或水流方向的「奇門魚」，能事先計算何時、風向往哪吹？或水流往哪流（奇門時空）？然後於這個時段去辦事，就能順風順水事半功倍。也就是說，花一樣的力氣卻能達到較大的成效與進展，就能提升運勢，帶來好運。

所以自古以來，瞭解這時空的奧義之學，能運用這股能量、竊天地之炁（氣）的人，就是享用時空帶來的能量，會使用奇門遁甲之術的異人。中國人為什麼強調風水？因為瞭解風水帶來的好處，風、水可以乘氣，可以載氣，風水是氣的載體，運用風水其實是在運用氣的能量所帶來的好處。只不過陽宅是風水的「靜用」，選一個好地方，讓門窗納吉氣；而奇門遁甲是風水的「動用」，只要選對時間，往對的方向去辦事，就能帶來好運，提高辦事成功的機率。

後來瞭解，這只是奇門遁甲的其中一種應用，稱為「奇門遁甲出行訣」，本是古時用於出兵打仗，用來選擇對我方有利的時間、有利的方位，以提升打勝戰的機率。而現代則可以用來出門辦事，提升運勢，舉凡接洽客戶、銷售談判、開市開工、考試面談、投資買賣、相親結婚、求醫袪病、拜拜祈願、出差旅遊……等等，只要出門去辦事，皆可應用這「奇門出行訣」。

而根據辦事所需時間的長短，奇門盤又有時盤、日盤、月盤、年盤之分。當時由於大學聯考一考就是一整日，所以我特別鑽研日盤的排盤法，反反覆覆仔細計算了聯考當天最有利的方位，西方！但是聯考當天從我家出發去考場的方位，是北方，而北方竟是個大凶方。那怎辦？沒事，山不轉，路轉，因人是活的，人是可以動的，其祕訣是可以在前一天晚上，在考場的東方找家飯店，我先住一晚，改變出發的太極點，等到第二天考試當天早上，再往西行前往考場，那不就是當日最有利的方位了嗎？這就叫死盤變活盤（當時間方位皆固定，考試時間、位置、方位皆非我所能決定，而是由對方決定時，已固定住了，這個奇門盤便稱為死盤，時間方位都沒得選了，那麼移動太極點，改變出發地點，就可將死盤變活盤了）。

終於，見證奇蹟的時刻到了！考試當天下午的第一堂是考英文，中午休息時間，每個考生都抓緊時間拚命猛K，我的英文不好，心想此時若多背幾個英文單字也不一定會考，這時瞥見我帶來的一本補習班考前發的講義《考前英語作文五十篇》，好吧！不如臨時抱佛腳隨便背一篇，到時不管出什麼作文題目，只要改改單字片語，別空白一個字都沒寫就好，有寫就有分，投資報酬率應該比較高。

考試的鐘聲響起，進入考場後拿到考卷，定睛一看，我瞬間驚呆了！有沒有那麼巧？各位可以去查，一九八四年台灣大學聯考英文作文題目：「聯考前的一夜」，這不正是我剛剛在考前背的那一篇嗎？哇靠！可不可以再巧一點，真的太誇張了，而且我因英文不好，最後一大題的英文閱讀測驗五題選擇題根本來不及寫，只好照ABC的順序亂猜，就寫了AABBC，沒想到考完後對答案，竟然五題全對！

奇蹟還沒結束，最後一堂考三民主義，最後有兩題申論題，一題十五分，一般一題能得個七、八分就不錯了，因為不可能寫得比國父孫中山還要好，結果我第一題竟然得了十四分，為什麼？因為我昨晚在飯店裡背過這題！

這就是「奇門遁甲」的神奇之處，也許它不能讓你從零分考到一百分，但它真的可以幫助你提升運勢，帶來不可思議的奇蹟。

斜槓中年！離開外商，踏入江湖

二〇一〇年，我從生產全球知名品牌包括嬌生嬰兒用品、露得清護膚美容保養品、沙威隆沐浴產品等，擁有全球十大市值的美商嬌生公司離職。離開傳統產業三、四年後，其實我也才四十多還不到五十歲，當時還年輕，談退休也太早了，總不能每天閒閒沒事待在家混吃等死，於是開始思考：「我可以做些什麼？」

某日福至心靈，忽然想起廿多年前曾接觸過的「奇門遁甲」，我本就對於宇宙時空、天文物理及命理風水有興趣，此時有餘裕，不如也嘗試看看中年斜槓，將業餘研究轉為正業，開始從事「奇門遁甲」的教學。這時上網一查才發現，隨著內地對玄學的解禁開放，中國在這十多年來掀起了一片學習命理風水的熱潮，尤其是「奇門遁甲」早已發展到非我當時所認知的只能出行辦事、提升運勢而已。再加上因為傳統的預測，卜卦、論命如八字或紫微斗數，多半只做半套，只能預測而不能改變，而奇門遁甲在過去十多年的發展中，已發展到集結了占卜、算命、風水、改運四大功能於一身，幾乎包括了中國所有數術的功能與應用了，不僅能算，還能改，這不正是一般人最需要的嗎？只要學會奇門遁甲，一技在身，可以自助助人，我想這一門課應該能受歡迎！

於是二〇一五年，整個農曆年年假期間，我窩在電腦前，重燃年少時鑽研的熱情，再加上多年來的經驗和歷練，仔仔細細研究了目前主要的奇門遁甲流派，當我搞懂了、融會貫通之後，最終選擇「道家陰盤奇門遁甲」這個派別做為主要教授的範圍。原因在於奇門遁甲多半強調預測，只有陰盤奇門揭露了很多佈局改運的法門。

接著我花費近三個月到半年的時間，一邊製作教學使用的講義教材及PPT，一邊廣接個案，做為上課時可運用的案例資料庫，同時也驗證及磨練實戰。等教材準備好、資料庫也累積得差不多之後，便準備出山，闖盪江湖了！於是一個原本一輩子在外商公司打滾的高階經理人，搖身一變，成了一個從事命理風水的江湖人士了，真妙！

不過，真正的挑戰才正式開始，因為我一開始幾場的奇門遁甲公開教授課程，前來學習的學員竟然多是台灣赫赫有名、來自各地一輩子從事於命理風水的大師或理事長。雖不像葉問剛到香港教拳時那般過五關斬六將，但面對這些有著極厚五術底子跟功力的前輩們，要向他們教學、同時接受他們現場的提問與觀念的交流溝通，老實說真是非常的刺激與有挑戰性！這是很難得的寶貴經驗，更棒的是這幾場課程大大的提升了我的功力，增長了我的見聞，而且受多位大師的提點指教，受益匪淺，功力大增。而這一教，也無形中打響了我的名氣，所以我一開始從事奇門遁甲的教學，跟很多人不一樣，因為我初入命理界所教授的學生，他們原本就是老師，而且是長期專業從事命理風水的大師級人物。

開啟奇門風潮！轉戰海外，拓展教學版圖

接下來兩年，隨著一場又一場奇門遁甲的開班授課，台灣掀起了一股奇門遁甲的學習熱潮。二〇一七年，我開始拓展奇門教學版圖，海外首場在馬來西亞，繼而轉進香港，隨後二〇一八年進軍大陸，足跡遍及北京、上海、蘇州、深圳、廣州，短短數年間已累計上千名學員。這期間日夜不敢懈怠，每一場教學，都是用生命在教學，真正希望學員能學好、學以致用，期盼他們在人生困境之時，能用奇門幫助自己、幫助家人、幫助朋友，給人希望，功德無量。

幸好不辱使命，受到許多學員和命理風水大師的肯定：

「人生何其有幸，作為一個超級無敵新手，初接觸奇門就遇到子奇老師。入任何一門，遇到一個好老師，把學生引上正道太重要了！子奇老師毫無保留的結合天文、物理、數學、曆法等浩瀚的知識把奇門教給我們，我感受到一扇門被打開，我堅信奇門會助我繼續探索未知、宇宙、生命，讓我有能力助己助人。子奇老師反覆強調人生的意義在於不斷提升維度、揚升格局，我認為這一點對於學習奇門非常重要！感謝子奇老師不厭其煩地回覆學生案例，感恩子奇老師！」

「這次參加子奇老師的奇門課，刷新了我對傳統數術的認知！非常感謝子奇老

師毫無保留的傳授他多年的研究心法。子奇老師對東西方多種數術都有深入研究，上課的時候，老師會融合東西方研究思維和物理推演，結合科學的分析方式，條理清晰。以前一直覺得奇門遁甲太複雜難學，上課前還擔心自己學不會，然而課堂上，子奇老師講課幽默，推論嚴謹，環環相扣，六天下來，結合講義已經能夠推盤佈局了，課後還幫周圍的朋友進行解盤，都覺得很準！聽到有的同學說，之前花了好幾萬學奇門也學不到的知識，子奇老師都一一詳細講解到，覺得自己很幸運，初入奇門，遇到了一位好老師。」

於此同時，與我長期合作，在台北頗負盛名的「心語身心靈顧問中心」的創辦人張淑瑤老師與總監鍾維麒老師，向我提出了出書的構想。其實自我公開對外教授奇門遁甲以來，很多人建議我出一本有關奇門遁甲的書，但我一直猶豫不決，遲遲沒有提筆的決心。一方面，是因專注於授課及輔導學員，已占據了我幾乎所有的時間，另一方面，我心裡明白還找不到可以讓奇門生活化、並且看了書就能簡單學會如何應用奇門遁甲的方法。

直至二〇二〇年，「九宮奇門」的概念完成了！在大陸的群課裡教授了幾個單元之後，獲得了極佳的反饋及好評。此時張淑瑤老師再次提起出書一事，我知道時機成熟了，隨即開始與曾是春光出版社編輯的劉毓玫小姐溝通，並提出了《九宮奇門》的出書構想。毓玫曾上過我滿盤占的陰盤奇門課程，對奇門遁甲有相當的認識，而她又有著識人長處的眼光及多年命理書企製的經驗，一聽到「九宮奇門」針對新手們的設計理念，是跳過深奧的理論，直接用符號和顏色判斷事情吉凶，且項目多元，每一項的奇門應用都與生活息息相關，她認為這個主題是命理書中的一匹黑馬，可以跳脫過往讀者們對奇門遁甲艱澀難學的刻板印象，重新賦予奇門「實用、好用、諸事可用」的新意，再與春光編輯室討論之後，大家理念相同一拍即合，隨即便開始下筆著書，預定隔年問世。

自踏入江湖，教學至今多年，還好不辱使命，期間受到了無數學員及命理風水大師的肯定，但對我來說，感受到的不只是認可，還有更堅定的使命感和對自我的鞭策力，奇門的世界其大無垠，變化無窮，如何把一門融合數術奧妙的「奇門遁甲」，普及成普羅大眾新手們都能理解的「實用科學」，任重道遠，期待各位同好的加入，與我一同探索奇門遁甲之祕！

寫在前面
奇門遁甲是什麼？

人的一生或長或短，總難免有遭遇逆境或困難的時刻，在我的認知中，「奇門遁甲」乃居家必備良藥，就如同川貝止咳露或正露丸一般，每個家庭至少要有一個人懂得奇門才好，如此才能在生活的各個面向中，必要時刻運用奇門來幫助自己及家人。奇門是很生活化的，應該深入、普及到每個家庭，不應該像古時候鎖在皇宮內院只讓一人獨享，也不應該只有研究或從事命理風水的人才有機會享用它所帶來的好處。

因此我的終極目標，就是將「奇門遁甲」生活化、普及化。

在這幾年的教授過程中，發覺要將如此龐大、複雜、燒腦的奇門遁甲系統，在短時間內將新手們都教會搞懂，其實對我來講是非常大的挑戰及任務。尤其我剛開始教學時，學生幾乎都是老師、大師，或命理風水從事人員，長期浸淫在河圖洛書、陰陽五行、八卦九宮、天干地支……，對他們這些有背景的專業人員，憑我的教學能力及技巧，還猶應付有餘，但對那些沒有任何背景基礎，已脫離學校多年了，平常可能是個家庭主婦，有興趣想學個奇門來預測老公今年是否會升官，佈個文昌局幫小孩考上一個好的學校的新手們而言，這些命理風水的背景知識，光聽都覺得頭痛，想在短時間學會且應用奇門，根本是件可望而不可及的事。

所以在這幾年的教學中，我特別著重奇門遁甲的教學步驟化、系統化，持續地化繁為簡，再憑藉獨特及專業的教學技巧，可說在短時間內訓練出一批又一批的奇門高手。我常在課堂上對學員說：「我不一定是世界上最厲害的奇門高手，但一定是世界上最會教奇門遁甲的老師之一。」有很多學了多年奇門、也參加過其他奇門大師課程的學員，最終來我這兒學習後，才真正聽懂了奇門而入了奇門。曾有名學員還誇張地說：「如果來子奇老師這兒還學不會奇門，那大概也不用去找別的老師學奇門了。」

但我的內心其實很清楚，這還不夠！我雖然不斷地優化我的奇門教學，但面對這自古以來只有像張良、諸葛亮、劉伯溫……這些智商一八〇的天才兒童才能學得起來的奇門遁甲，想讓一般人在短時間內學得會、懂得用，即使我已經做了這麼大的改良簡化，對大眾來說難度還是不小，門檻還是頗高。

我的奇門教學，若不能講得有趣好玩、淺顯易懂，若不能講到婦孺皆解，連我媽媽或五歲小孩都能聽得懂、學得會，那麼奇門怎能變成居家必備良藥？又怎能做到奇門生活化，怎能讓每個人在面對困難逆境時，能用奇門幫助自己幫助家人呢？

這個問題一直縈繞在我心中，每一次的教學，我都會試圖改良教學方式和內容，讓它更系統化、更簡易化，這幾年來有了很大的進步，甚至來複課的學員看到新的上課簡報內容時，眼睛為之一亮，驚嘆道：「這樣更清楚、更明白了、更容易學了！」我一年一年不斷地督促自己進步、突破，但是，我、還、是、不、滿、意！

直到今年，某日睡夢中，半夢半醒、恍恍惚惚、杳杳冥冥，快醒來時，感覺似見一白衣老人，口中喃喃自語：「你這傻孩子呀，我的書裡不是有說的嗎？道生一，一生二，二生三。萬物負陰而抱陽，沖氣以為和。這不就是宇宙生成之理嗎？有一就有二，有二就有三，大道至簡，多來自少，少來自一，什麼叫『禪』呀？是『單』而已！單是啥呀？簡單呀！單是啥呀？單一呀！」

忽然，我從床上跳起，一拍腦門，唉呀，我怎麼那麼傻！我一直致力於改良奇門的學習與使用方法，但也受限於原來龐大複雜的奇門系統及其傳統的使用方法，想要把好的、完整的奇門系統一股腦地塞給學員，雖然立意甚好，但還沒學會，就已經撐死了。我應該拋掉原本思考的角度，徹底擺脫既有的思維，回歸預測的本質，大道至簡，簡單就是硬道理！

什麼是預測？無非是想事先知道一件事的吉凶成敗，預測其實可以很簡單，丟銅板看正反面、抽撲克牌看紅黑也行呀！先求有，再求好，通過預測先知道結果，是吉？是凶？再看原因為何是吉？為何是凶？而且原因往往也很簡單，就可能只是一句話。例如：「你愛不愛我？」答：「不愛了（結果是凶）。」為何不愛了？答：「因為我劈腿了，我愛上別人了（原因就那麼一句話）。」

傳統的奇門遁甲預測可以很細膩、深入地探討我與其他人、事、物的關係，以及彼此之間的「吉凶、得失、對待、過程、進退」等等問題，例如以預測感情為例，傳統滿盤占的奇門遁甲，可以看出：

* 他／她的心裡到底有沒有我？
* 我倆有沒有緣分在一起？還是有緣無分？
* 他／她除了我，還有沒有別的情人？

＊什麼時候會有對象出現？

＊他／她對我的付出是真心的嗎？

＊我倆到底會不會分手？

當然也可以針對個人目前遭遇處境中所碰到的矛盾、障礙、及不利因素一一化解，進行改運。例如，店面生意不好，想提升店面生意，打開奇門盤便可以針對店面的生意不佳進行預測診斷，不僅能找出生意不好的原因，還可以對症下藥，接著運用風水佈局調理，來改善或提升店面的經營。

如果是客人少或沒客人（客人的宮位臨空亡），可以佈局增加客人；員工離職多、不和睦（調整員工的宮位），就調整員工向心力。如此一來，矛盾、障礙、不利因素化解了，再佈上財局，才有利提升店面生意。

但傳統奇門採用滿盤占法及解局化解，往往牽涉很多個宮位，用神繁多，還要考慮主客關係，以及宮位與宮位之間的五行生剋關係才能下結論定吉凶，對於完全沒有東方命理風水基礎的夥伴們在學習方面，繁複難學，沒那麼直觀，比較不易入手。

但我領悟到「先求有、再求好」，大道至簡，簡單就是硬道理之後，我打破了既有窠臼，**其實奇門也可以很簡單，奇門也可以只看一個宮位，符號只要依紅、綠顏色分吉凶，紅的吉，綠的凶**，跟看股票一樣，紅的漲為吉，綠的跌為凶（這叫『符號吉凶斷』，像抽牌或抽籤一樣，只抽一張牌、一支籤，看抽到是紅的還是黑的牌，或上上籤還是下下籤來定吉凶），然候再給學員一張表，可以查符號基本的含義了解原因，如同看籤詩一樣知曉吉凶源由，只不過改良簡化後的奇門會比讀懂籤詩的古文寓意要容易得多了。

例如：我想開店面做生意好嗎？（如圖1）

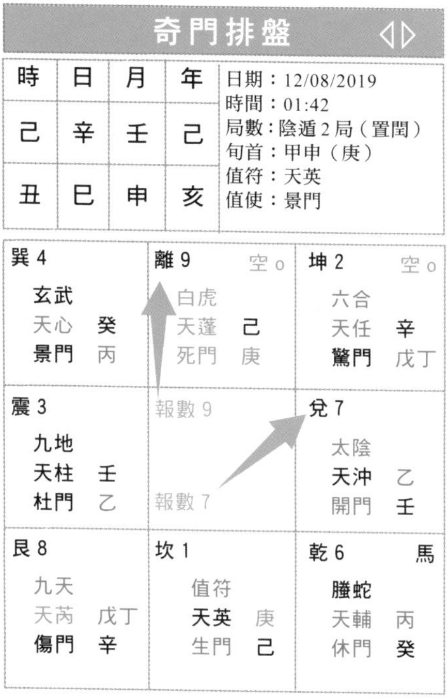

圖 1：我想開店面做生意好嗎？

只要心中有事，就可打開手機裡的奇門盤進行預測。自己心中報一個數，例如報數9，就看宮位數9的離9宮（每個宮位框框左上角顯示著宮位數）。如果宮位裡有象徵大凶的任何一個綠色符號，則表示大凶。

如圖1中的離9宮，有綠色符號「白虎」大凶神，為災害；有綠色符號「天蓬」代表貪婪、破財；還有綠色符號「死門」，代表沒門路、受困。總之，只要見到宮位符號是綠色的，只要有一個，就代表這件事至少有一個因素是大的凶災或有大的難度，可能會失敗，因此可以果斷的判斷為凶。

相反地，如果報數7，兌7宮裡5個符號則有3個是紅色的，紅色為吉，那麼多紅色符號，而且沒有一個綠色，可判斷為吉，代表有很大機會可成功。

這個判斷方式夠簡單吧？只要會報數、會看宮位內符號的紅綠顏色，就可以判斷一件事的吉凶成敗了！至於導致吉凶成敗的原因是什麼？查詢「奇門符號含義表」就可一目瞭然了（如圖2）。

	1	2	3	4	5	6	7	8	9	0	進制
宮 （九）	坎 （水）	坤 （土）	震 （木）	巽 （木）	坤 （寄）	乾 （金）	兌 （金）	艮 （土）	離 （火）	宮空亡	九進制
象徵	艱難 沉溺	妻子 婚姻 家庭	事業	桃花 文昌 睡眠	妻子 婚姻 家庭	事業 領導 名望	口舌 是非	財富 生育 健康	事業 功名 桃花	辛勞 無收穫 無力	
六親	中男	母親	長男	長女	母親	父親	少女	少男	中女		
身體	下腹部 生殖	腹部 腸胃	手足 肝膽	肩部 腦神經 肝膽	腹部 腸胃 生育	頭部 肺部 骨頭	口嘴 腸肺 骨頭	腹部 腸胃 生育	眼睛 心血管 頭部	虛弱 無力	
神 （八）	值符 （土）	螣蛇 （火）	太陰 （金）	六合 （木）	白虎 （金）	玄武 （水）	九地 （土）	九天 （金）	值符 （土）	神空亡	八進制
象徵	主管 貴人 升遷	小人 纏繞 變化	女人 貴人 陰私	婚戀 合作	傷病 爭鬥 官非	小偷 迷糊 玄學	困守 鬱悶	出行 分離 升遷	主管 貴人 升遷	辛勞 無收穫 無力	
星 （九）	天蓬 （水）	天芮 （土）	天沖 （木）	天輔 （木）	天禽 （土）	天心 （金）	天柱 （金）	天任 （土）	天英 （火）	星空亡	九進制
象徵	凶犯 風險 破財	疾病 學習 仙佛	冒失 衝突 是非	輔助 老師 學校	保守 尊貴	財官旺 醫生	破壞 口舌 官司	責任 財富	漂亮 桃花	辛勞 無收穫 無力	
門 （八）	休門 （水）	死門 （土）	傷門 （木）	杜門 （木）	死門 （寄）	開門 （金）	驚門 （金）	生門 （土）	景門 （火）	門空亡	九進制
象徵	休閒 婚戀 貴人	低落 受阻不動 陰宅	傷害 毀損 車子（禍）	阻隔 躲藏 技術	低落 受阻不動 陰宅	開拓 工作 店面公司	口舌 是非 官司	財運 陽宅	前景 喜宴 血光	辛勞 無收穫 無力	
干 （十）	甲 （戊）	乙 （木）	丙 （火）	丁 （火）	戊 （土）	己 （土）	庚 （金）	辛 （金）	壬 （水）	癸 （水）	十進制
象徵	權貴	機會 軟弱 妻子	機會 亂子	機會 情人	錢 房子	陷阱 騙人 被騙 坑	阻隔 災禍 男人	錯誤 改革 創新	走動 困住	走動 困住	

表格中紅色符號為吉，黑色符號為不吉，綠色符號為大凶。

圖 2：奇門符號含義表（論事）

就這樣，一個橫空出世，迥異於傳統奇門斷法的「九宮奇門」出現了！

「九宮奇門」是以「單宮占」為基礎（像一張牌或一支籤），是史上最簡單的奇門預測方法，只要十分鐘，就能斷一件事情的吉凶成敗，保證一學就會，一用就準！「九宮奇門」預測時，要求快、準、狠，不囉唆，粗暴、直接、準確、有效，要求一眼吉凶立判。

「九宮奇門」的基礎方法「鎖單宮─符號吉凶斷」，只要會分辨一個宮位內符號的吉凶（報數鎖單宮，然後再用符號顏色分吉凶），加上一張「奇門符號含義表」，就可斷一件事的吉凶成敗。入手簡單，專門針對想用奇門，卻沒有任何東方命理風水基礎的朋友們所設計。

等到熟悉了單宮斷法之後，就可進階看整張奇門盤裡的九個宮位。九宮裡有八卦，八卦分別可以對應一個人的八大生活領域。只要學會了九宮奇門的「鎖單宮」預測法，就可從單宮，一個宮位，擴展至奇門盤裡的八卦、八個宮位，像算命一樣斷一個人的八大生活領域、八個生活面向。會斷一個宮位，就會斷八個宮位；會斷八個宮位，就能抽換這張九宮格的奇門盤，把它當成一個房子的平面圖來看，進而檢驗一間房子風水的好壞，室內格局及室外環境是否有問題，又變成可以看風水了，還可以選擇在哪個時間、哪個方位出門辦事，又變成奇門出行訣了，一理通百理通，其實判斷方法都是一樣的。

誠如老子所言：「一生二，二生三，三生萬物」，會一就會二，會二就會三，斷工作、斷感情、斷求財、斷風水等等，方法都是一樣的，只是斷人事的目標對象（Target）不斷的換，會一個單宮斷，就能一生二，二生三，就能斷盡天下事。就像金庸小說中的「獨孤九劍」，獨孤九劍第一式「破劍式」，只要一式「破劍式」，就可破盡天下劍法。「九宮奇門」誠如華山劍宗裡的「獨孤九劍」，雖然華山派氣宗的內功很重要，但對於想速成的新手們，「九宮奇門」實為奇門入手的第一選擇呀！先求有再求好，要開汽車，何必要先懂得修引擎？

什麼是奇門遁甲？奇門遁甲可以用來做什麼？

什麼是奇門遁甲？奇門遁甲可以用來做什麼？在生活上又可以幫助我們什麼？

簡單來說，奇門遁甲就是一個將宇宙裡主要會影響人事成敗的能量，分為天、地、人、神四大因素，放在一個九宮格的時空盤裡，這時空盤就叫「奇門遁甲盤」，簡稱「奇門盤」。學會了奇門遁甲，懂得這些奇門符號所代表的人、事、物（預測），就能進而運用奇門符號的能量（改運）。

奇門可運用的面向相當廣，例如：

❶預測占卜一件事的吉凶成敗。

❷看手機號，了解一個人的性格及運勢。

❸算命，看一個人在八個生活領域及自己親人的運勢。

❹看風水，選房及看一個房子八個方位風水的好壞。

❺增加運勢，助我們辦事事半功倍，藉由選擇有利的奇門時空（挑選有利的時間及方位，像擇日一樣的概念）來提升運勢。

❻佈陽宅風水局，化解困境，提升運勢，讓我們心想事成，例如佈催財局、催官局、催桃花局等。

也就是說，奇門遁甲集合了占卜、算命、風水、改運四大功能於一身，這是自上古流傳下來，可以在人生旅途的冒險經歷中，像開外掛一般讓自己變得強大起來。

而這六大應用項目，最重要的便是第一項：鎖單宮，鎖定一個宮位、分辨宮位內符號吉凶含義，進而預測占卜一件事的吉凶成敗。這也稱做「單宮斷」，是後面五個應用項目的基礎，因為能掌握一個宮位，才能延伸至其他宮位、判斷其他面向和周遭人事物的狀況。

當我們心中有事，心念一動，想要知道一件事情未來的吉凶成敗，只要按下手機裡的奇門APP的起盤按鍵，報一個數（宮位數）來鎖定一個宮位，就可以根據該宮位裡的「神、星、門、宮、干」這五大類符號（代表天、地、人、神四大因素），對這一件事的影響是吉或凶，來預測該事的吉凶成敗，或運用這些符號的能量來改變運勢。

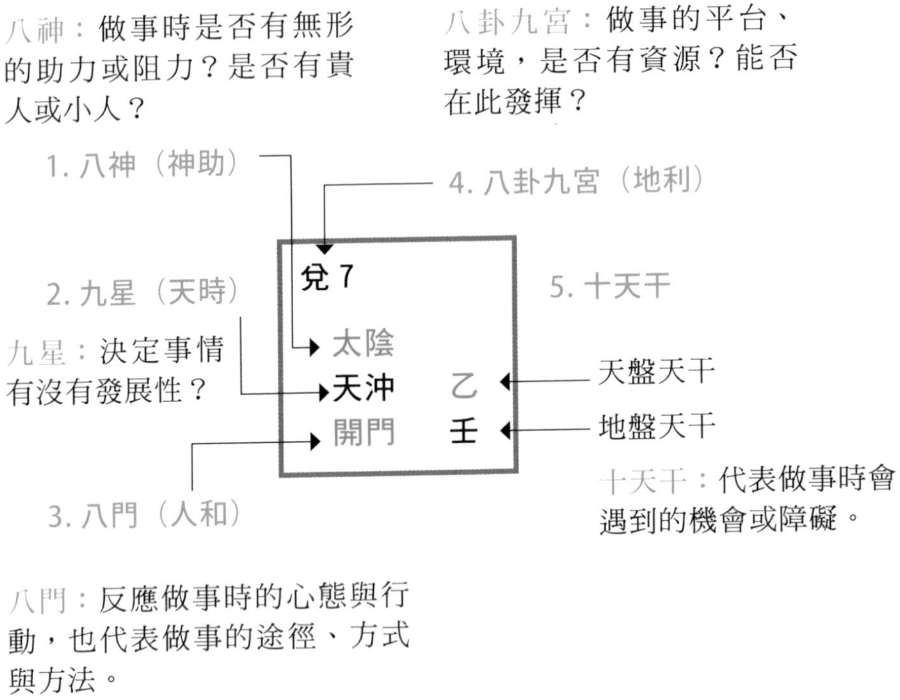
八神：做事時是否有無形的助力或阻力？是否有貴人或小人？
八卦九宮：做事的平台、環境，是否有資源？能否在此發揮？
1. 八神（神助）
4. 八卦九宮（地利）
兌 7
2. 九星（天時）
5. 十天干
太陰
九星：決定事情有沒有發展性？
天沖
乙
天盤天干
開門
壬
地盤天干
十天干：代表做事時會遇到的機會或障礙。
3. 八門（人和）
八門：反應做事時的心態與行動，也代表做事的途徑、方式與方法。

圖 3：奇門五大符號類別。

奇門五大符號

❶ 神

神叫神助，在奇門裡是以八神來代表神助這類符號，包括：值符、螣蛇、太陰、六合、白虎、玄武、九地、九天，共八個神的符號。

八神代表在做事時是否會有無形的助力或阻力。若宮位裡有吉神，則代表做事時有神助，是一種無形的庇祐或助力，能在辦事時助你一把，或遇難呈祥；相反地，若是凶神，則做事中途可能遭遇驚變，或遇小人扯後腿，是一種無形的阻力或災難，讓你做事難度增加，或辦不成。

❷ 天

天叫天時，在奇門裡是以九星來代表天時這類符號，包括：天蓬星、天芮星、天沖星、天輔星、天禽星、天心星、天柱星、天任星、天英星，共九顆星的符號。

天時主要會影響一件事的發展性，如果代表這件事的宮位裡的九天星是一顆吉星，則這時去辦事可得天時，也就是趕上現在流行的潮流，有好的發展趨勢，恭逢其時，是吉事，當然可以去做；相反地，如果代表遇到的是凶星，代表這時去辦這件事不得天時，發展有侷限性、限制性，甚至會出問題，有破壞性，是凶事或事難辦成，代表這時去辦這件事不得天時，發展有阻礙或發展受限。

❸ 人

人叫人和，在奇門裡是以八門來代表人和這類符號，包括：休門、死門、傷門、杜門、開門、驚門、生門、景門，共八個門的符號。

八門反應一個人在做事時的心態與行動，吉門則表示做事積極，樂觀正面；凶門則意志消沉，懶散無作為。顧名思義，門也代表門戶，門路，做事的途徑、方式與方法。若逢吉門，則做事有方法，方式正確，門戶暢通，通行無阻，辦事順利，事半功倍；相反地，若逢凶門，不得其門而入，滯礙難行，阻力大，事倍功半。

❹ 地

地叫地利，在奇門裡是以八卦放在九宮里來代表地利這類符號，又稱八卦九宮（九宮的中宮不放卦，所以只有八卦），包括：坎1卦、坤2卦、震3卦、巽4卦、乾6卦、兌7卦、艮8卦、離9卦，共八個卦的符號。

地利代表平台，所謂「得地利」，就是辦一件事時，能有一個好的平台或媒介，得以一展長才、發揮表現。好的平台就好比一個人得到一份適才適所的工作，公司擁有豐富的資源讓你可以發揮潛力，創造出卓越的表現；平台對於演員來講，又像是站在一個好的舞台，或接拍了一部好戲，可以充分發揮此演員的特色，讓演員發光發熱，叫好又叫座；又好比開一家店面，能占有地利，處於精華地段，人潮多，客戶絡繹不絕，所以生意興隆。相反的，如果不能得地利，代表辦這件事時，沒有好的平台或選錯平台媒介，無法發揮所長，沒有資源，沒有人幫，做得辛勞，一切靠自己，懷才不遇，或平台不適合，此事非己所長，能力不得發揮，當然事難成，或發展有限。

5 干

干為天干，天干共有十個，包括甲、乙、丙、丁、戊、己、庚、辛、壬、癸，共十個天干的符號。但因奇門「遁」甲，所以奇門盤內其實不見「甲」，「甲」遁起來了，它遁在宮位內有八神「值符」那一宮的天盤天干底下。因「甲」為十天干之首，首代表首領、頭兒，在公司裡為上司、主管，也就是八神值符的含意：值班拿符令、掌權發號司令的人，也代表一種貴人，助力，有靠山。

一般說來，宮位內基本上有兩個天干，在上為天，上面的稱「天盤天干」，下面的為「地盤天干」，有的宮位內在「天盤天干」或「地盤天干」旁，還有一個天干，那多出來的天干稱為「寄干」，寄，也就是另一個依附在宮位內的天干。

這天、地兩個天干代表事情的最終結果，是事件的本體。兩個天干，去掉甲，九個×九個，可以組合成八十一種「格局」（就像易經八卦×八個卦形成六十四卦），格局定調了事情的最終結果是吉或是凶，基本上有不利天干符號出現的為凶格（例如，己庚辛壬癸，庚為綠色符號，為大凶，代表難以克服的障礙、阻隔，其餘黑色符號為凶）；而有利天干符號出現的為吉格（例如，乙丙丁戊，紅色符號為吉，代表機會、光明、轉機）。

所以，如果心中有事想求測，自己可以打開奇門盤，報個數，鎖定宮位。如果宮位裡的神、星、門、干皆為紅色，代表做這件事有吉神，有神助、逢貴人；臨吉星，有發展性、發展性大；門為吉門，門路暢通、有方法、有途徑；天干吉，代表是個機會、前景光明，神、星、門、干皆為紅色，大吉之象。

反之，如果宮位裡神、星、門、干皆為黑色，甚至是大凶符號綠色，則代表做這件事，遇凶神，是個災害、出意外、有人扯後腿、或遇小人；臨凶星，發展侷限、或沒發展、時機不對；門為凶門，沒門路、滯礙難行、或方法方式不對、處處碰壁遇阻；天干凶，代表是阻礙、陷阱、犯錯或被困，大凶之象或此事難度大，事難成。

以圖4為例：現在投資買房，能賺錢嗎？

打開奇門盤，報數7，鎖定兌7宮，八神吉神「九天」（紅色）有神助，九天代表高大的，是一種利於升官的貴人，九天，龍飛九天，更上層樓，是一種利於升官晉爵的助力，能在事業上助你一把；九星為吉星「天任星」（紅色）代表發展性大，而且天任星的五行為土，為財，有土斯有財，是一顆財星；八門為吉門「生門」，生門代表生財有道，有財路，代表賺錢。最後天盤干＋地盤干，丙＋乙，天干皆為紅色，為大吉格，丙、乙為機會、希望、光明。

奇門排盤

時	日	月	年	日期：07/10/2020 時間：14:23 局數：陰遁6局（置閏） 旬首：甲寅（癸） 值符：天蓬 值使：休門
己	癸	乙	庚	
未	未	酉	子	

巽 4 太陰 天柱　乙 驚門　庚 馬	離 9 騰蛇 天心　戊 開門　丁	坤 2 值符 天蓬　癸 休門　壬己
震 3 六合 天芮　壬己 死門　辛		兌 7 九天 天任　丙 生門　乙
艮 8　空o 白虎 天英　丁 景門　丙	坎 1　空o 玄武 天輔　庚 杜門　癸	乾 6 九地 天沖　辛 傷門　戊

圖4：現在投資買房，能賺錢嗎？

神、星、門、干皆為紅色，大吉之象，目前是個買房的好時機，可考慮進場。

運用奇門就是這麼簡單！符號含義可以不用了解，直觀符號的紅、綠顏色便可判斷吉凶成敗。

當然，判斷完畢之後想了解影響成敗的因素，可以進一步理解符號含義，熟能生巧，越用越熟練、越用也會越靈驗。

本書共分七個單元，七堂課。第一堂課是介紹如何運用奇門盤裡的一個宮位（鎖單宮法），來判斷一件事的吉凶及成敗（學會預測占卜）。

第二堂課，將手機號轉成一個奇門單宮（造單宮法），藉此透視一個人的性格與運勢，也就是單看一個人的手機號便可對對方有初步認識。

第三至第五堂課，從論命及風水的角度來看奇門盤（學會論命及看風水）。會用一個宮位來看一件事或一個人，就可進一步延伸至看一整個奇門盤的八個宮位。所以當我們把一整張奇門盤的八個宮位，看成是一個人的八大生活領域或一家子親人，奇門盤就可變成一張命盤，像算命一樣看一個人在八個生活領域，或自己親人的運勢。

我們也可把一張奇門盤看成是一個地理區域，用它來選房子，甚至把它當成一個房子的平面圖，用它來看房子八個方位風水的好壞。奇門盤不僅可看成是一張命盤，也可看成是一個羅盤，用來檢視自己住家風水的好壞。

第六堂課特別公開奇門遁甲最為神奇的風水佈局催運，設定目標用神（心中所求），如催官、催文昌、催財、催桃花等，擺放奇門盤中符號所象徵的風水物品在對應的宮位，形成一個風水陣，最後再選擇一個有利的奇門時空來催發啟動，就可達成所求願望，心想事成。

最後，第七堂課是介紹「奇門出行訣」，除了預測占卜、論命、看風水，「九宮奇門」還可以幫助您選擇有利的奇門時空辦事，讓您提升運勢，辦事事半功倍，心想事成。諸如接洽客戶、銷售談判、開市開工、考試面談、投資買賣、相親結婚、求醫祛病、拜拜祈願，出差旅遊，皆有奇效。

第 1 堂課

運用奇門四步驟，預測事件吉凶成敗

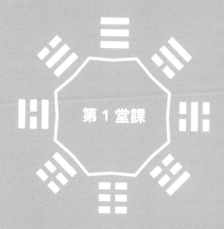

第一節 一切的預測占卜規則，都是你跟上天的約定

要想針對一件事情進行預測占卜，其實並非是靠自己做預測，而是通過一個人的「高我」來預測（或稱做神明、指導靈、鬼神、仙佛、高維空間的能量團……不管『祂』的稱謂為何，我們都是透過『祂』的視角來看）。

高我，顧名思義，就是祂站的位置比你要高很多，登高才能望遠，所以祂可以看得比較遠。好比你在兩條路口前徘迴，想先知道（預測）接下來往哪一條路前行時會比較好走、比較不會塞車。其中一種方法就是爬到高處，如台北最高的大樓一〇一大樓，當你站在一〇一的頂樓往下俯瞰整個台北市時，哪一條路會塞車？路上有沒有車禍？哪一條路通行無阻？此刻一目了然，清清楚楚，這就是預測的原理。要看遠、要預先知道如何趨吉避凶，就得把視角提升至另一個高度，或藉由某人（somebody）在高處幫你看向遠方、看向未來，而這某人（somebody）就是所謂的「高我」，或中國人常說的舉頭三尺有神明的「神明」。

但即始祂看到了，你要如何與祂溝通？祂又如何將看到的訊息傳遞予你呢？當

然某些具有特異功能的人，能與這些無形的祂直接溝通，但對於像我們這樣沒什麼靈敏直覺或特殊感官的一般人，該如何與祂溝通呢？

那便是透過某種「預測工具」，與祂連結溝通。

例如，心中有事，心念一動時便可以告知祂，藉由最簡單的預測工具或方式，例如抽撲克牌，到廟裡擲筊（杯）、抽籤，或複雜一點的透過易經卜卦，搖三枚銅錢（六爻卦）、米卦，甚至抽塔羅牌等等來做預測占卜，然後祂藉由某種靈動力來影響你擲筊（杯）、搖銅錢、抽牌、選籤的結果，最後藉由其內容的顯示及解讀，讓你得知此事在未來的吉凶成敗。

而其中所隱含的「不為人知的祕密」，就是：**一切預測占卜的規則或協定，你都可以跟上天（高我）做約定！**

只要選好一種預測工具，例如撲克牌，然後我們可不可以事先與祂設定好：我抽一張撲克牌，抽出來的若是紅色則為吉，黑色則為凶？這樣的約定可不可以？當然可以！而且還可做更複雜的設定和約定。像是根據撲克牌的數字、顏色、圖案、組合賦予更多的含義，然後讓我們對事件的發展、對待、來龍去脈有更清楚的解讀。

最關鍵的是，我們要跟老天爺先講好，自己跟「祂」約定好，讓祂把要傳達提醒的事情，用你「看得懂、聽得懂」的方式讓你接收到，並且讓你能夠做解讀。

至於如何跟祂講？怎麼跟老天爺約定呢？方法其實很簡單，就是：「自己心中先認定一套判斷吉凶的法則，例如抽撲克牌，紅為吉，而黑為凶」，在進行預測占卜時，抽出來的牌若是紅色的，就為吉，反之，則為凶。沒錯，就是「自己在心裡事先認定好」，自己在心中確立了規則，你的「高我」就會以此為遊戲規則，並透過預測工具，來顯示此事的吉凶成敗。

第二節　運用奇門四步驟，預測事件吉凶成敗

藉由「奇門遁甲」來設定預測的步驟及論斷吉凶的規則，這套標準流程複雜嗎？非常簡單！只有四個步驟：

步驟壹

打開APP，起出奇門盤（手機有很多免費奇門APP，請自行下載）。

步驟貳

用報數法鎖定宮位。

步驟參

透過顏色和分數加總，判斷事情吉凶成敗。

步驟肆

解讀符號，明白原由。

千古術式真的能夠透過這麼簡單的流程就上手嗎？當然可以！

步驟壹 打開APP，起出奇門盤

圖 5：打開 APP，設定選項，按「起盤」起出奇門盤。

打開奇門排盤APP後，在起盤畫面中可以看到：

❶ 奇門類型：設定為「時家奇門」。

奇門盤依用事時間長短，可分成時家奇門、日家奇門、月家奇門、及年家奇門，而預測所需使用的，是一時辰一局的「時家奇門」。若沒有此選項，則多半表示此APP已預設或只提供時家奇門的排盤，因百分之九十以上所使用都是「時家奇門」的「時盤」。

❷ 起局：勾選「置閏」法起局數。

自古以來，官方皆採用「置閏」法排盤，而民間多半使用較為方便快捷的拆補法排盤。本書中我們統一選用「置閏」法來排盤。

❸ 盤式：勾選「轉盤」法來排盤。

轉盤法就是中5宮空著不用，神、星、門、干等奇門符號是順時針或逆時針圍繞著中宮中心點來排佈在周圍的八個宮位。

❹ 時間：點選「現時」。

除了起局、排盤的選項之外，還有一個最重要的參數要確認，就是起盤

「時間」。

奇門遁甲起局排盤使用的時間，就是身為預測／占卜師的你，或是來提問的人（或稱之為「問測者」）「起心動念」時想問測的時間。市面上的奇門遁甲APP，通常都預設「現時」，也就是你打開APP當下的時間。如果你發現手上的APP沒有預設時間，就請手動填入占問的時間點。

❺最後，按下「起盤」的按鍵。

就這麼簡單，便完成了第一步驟，奇門遁甲的起局排盤！

奇門遁甲自古以來難學的其中一個原因，就在於起局排盤很難，而且派別眾多，真假難分。命理風水界的人大多知道，奇門遁甲的排盤是有名的複雜及難搞，因為奇門盤補捉了在某個特定時空下整個宇宙的能量場（全息能量場），所以為了對應不同時空的能量場，整個奇門盤層層疊疊有好幾層盤。所以古人要起局排奇門盤得先懂得陰陽曆法、了解河圖洛書、陰陽五行、八卦九宮、八門九星、三奇六儀，起局前規矩還滿多的，還得齋戒沐浴、焚香祭拜，書符唸咒……幾經一番折騰後，才能起得一盤。

但現在拜電腦所賜，人手一支智慧型手機，起局排盤已成為彈指之間的小事，螢幕上輕鬆一點，馬上便可排好奇門盤。

想起過往初學奇門遁甲時，科技尚未如此發達，還得寫破無數張紙、寫乾無數支筆，就為了掌握熟悉奇門遁甲的起盤規則，如今可以用手機APP排盤，不禁感慨大家生活在這個時代實在太幸福啦！也可以說，若沒有手機APP排盤程式的普及，奇門仍只能流傳及掌握在少數人間。現在，不論你是使用ios或是android系統，都可以查找並下載任一免費的奇門遁甲排盤軟體。

然而，不像紫微斗數或八字，由於奇門遁甲的派別、系統眾多，每一個派別起出來的奇門盤也不盡相同，到底我們要選用哪一個派別的奇門盤呢？本書所使用的是較為普遍，目前為多數奇門人所接受的「陽盤時家奇門的轉盤置閏法」來起盤，各項參數選擇設定如圖5所示。

因此，無論各位讀者下載哪一套APP，請確認它是「時家奇門」系統，然後在起局方式中，選取「置閏」法起局，用「轉盤」法排盤，點選「現時」，最後按下「起盤」鍵，就可顯示出與本書案例中相同的奇門盤。

關於起盤時間或問測時間，是選擇問測者「起心動念」時想問測的時間。宇宙萬事萬物有共時性，為什麼早不問、晚不問，就這個時候想問？這就叫

「起心動念」。心念一動，其實都是冥冥之中，天地因緣巧合的引導。正所謂「天機藏於動處，動處有玄機」，這玄機在哪兒呢？有「動」就是事情有「變」，會產生「變化」，有「動」就是事情開始「發動」了。什麼變化？吉凶的變化；什麼發動了？吉凶發動了。所以只要心中有疑問未決，心念一「動」（天機藏於動處），起了奇門盤，問測者就撞進了奇門時空，或者這麼說，問測者就會坐實這個奇門盤，與這奇門盤對應或共振，而這個奇門盤補捉了這時空之下與問測者有關的訊息，就恰好顯示了此事的吉凶！

奇門排盤

時	日	月	年	日期：07/10/2020 時間：14:23 局數：陰遁6局（置閏） 旬首：甲寅（癸） 值符：天蓬 值使：休門
己	癸	乙	庚	
未	未	酉	子	

巽 4 太陰 天柱　乙 驚門　庚	離 9 螣蛇 天心　戊 開門　丁	坤 2 值符 天蓬　癸 休門　壬己
震 3 六合 天芮　壬己 死門　辛		兌 7 九天 天任　丙 生門　乙
艮 8　空○ 白虎 天英　丁 景門　丙	坎 1　空○ 玄武 天輔　庚 杜門　癸	乾 6 九地 天沖　辛 傷門　戊

圖 6：奇門遁甲盤。

起出奇門盤後，在你的電腦或手機上，應該會看到如圖6這樣的畫面，上方通常是起盤的時空相關資訊，這裡暫時可以先忽略不看。而下方，這一塊有九個格子的「九宮格」，裡面有所謂的「甲乙丙丁……壬癸」十個天干，還有「玄武、白虎」等許多神煞，有「休門、生門、傷門」共八門等眾多符號。這些符號分別落於九個格子裡，這就是所謂的奇門遁甲式盤。到這為止，就完成了第一步驟，奇門遁甲起局排盤完成！

步驟貳 用報數法鎖定宮位

起出奇門遁甲盤後，更重要的問題是：我們要怎麼開始進行預測？很簡單，讓問測者報一個1～9的數字，然後找到奇門盤中九宮格對應該數字的宮位，鎖定這個宮位即可，而被鎖定的宮位裡所顯示的奇門符號，就說明了這件事的吉凶成敗。

奇門遁甲盤裡的九宮格，就像是上天給你的九支籤，最簡單的抽籤方式，就是隨機請問測者或自己（自占）報1～9其中一個數字，然後選擇對應該數字的那一個宮位即可，就像報數抽籤一樣，每一個宮位當一支籤來看。

奇門遁甲盤有九個「格子」，稱為九「宮」，「宮」的全名稱為「宮位」，每個「宮位」裡的左上角都有一個數字，稱「宮位數」。這個「宮位數」在盤裡所對應的「宮位位置」是固定永遠不變的，一般使用的狀況下，應該可以在APP顯示頁面上找到九個宮位分別對應的數字，如圖7中，每一格左上方圈起來的數字，便是九宮數字所在處。例如報3就找到左邊中間的「震3」宮，報9就找到上邊中間的「離9」宮，依此類推。

圖7：奇門盤中九宮數字所在處。

所以問測者報何數字，就形同籤號，在這有九支籤的籤筒（宮位）中找到對應的籤，便完成第二步驟了。

若你使用的工具得到的奇門遁甲式盤上沒有標示代表宮位的數字，沒關係，這時可以參照圖8的「數字對應九宮位置圖」，按圖索驥即可。

在奇門遁甲式盤中，有個特例的數字「5」，5在九宮格中位於「中宮」（中間的格子），然而「九宮奇門」所使用的陽盤奇門遁甲盤式，是用轉盤的，中宮是空白的，我們不用，所以只要落入「5」中宮時，就直接轉移到數字「2」宮，也就是「**報數5用2代替，直接看右上角的坤2宮**」。因此只要問測者報數時報了「5」，我們就直接取「2」的位置即可，如圖9所示。

4	9	2
3	5	7
8	1	6

圖8：數字對應九宮位置圖。

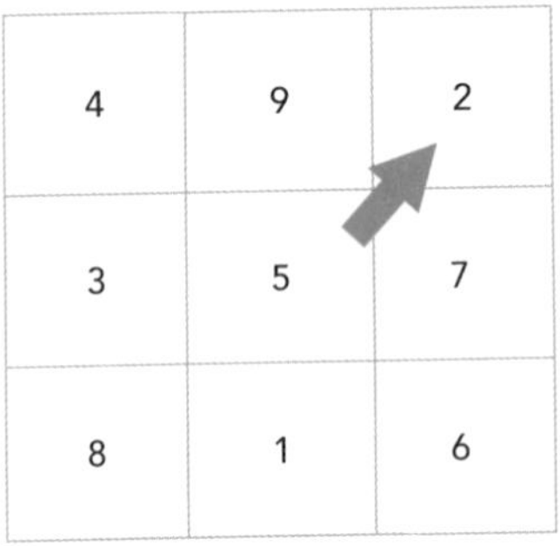

圖9：報數字5改取2宮。

這裡，我們用簡單的例子來示範一次報數鎖單宮。

如果某日某時，自己心裡有了疑問，或是有人前來想預測斷事，先不論是哪一種問題，其實所希望獲得的指引不外乎是：心有所思、有疑問，想要知道這件事情應不應該進行？當事人做了之後結果是好是壞（是吉是凶）？做這件事難度大不大？過程會不會有什麼障礙？

這時，靜下心來，開始九宮奇門解讀SOP的第一步：打開APP，點選「現時」或自行輸入提問當下的時間（目前奇門排盤的APP都將時間預設為「現時」），假設這個案例的時間是二〇二〇年十月七日下午十四點廿三分，點下起盤按鍵，我們便可取得如圖10的奇門遁甲盤。

奇門排盤

時	日	月	年	日期：07/10/2020 時間：14:23 局數：陰遁6局（置閏） 旬首：甲寅（癸） 值符：天蓬 值使：休門
己	癸	乙	庚	
未	未	酉	子	

巽 4 太陰 天柱　乙 驚門　庚	離 9 螣蛇 天心　戊 開門　丁	坤 2 值符 天蓬　癸 休門　壬己
震 3 六合 天芮　壬己 死門　辛		兌 7 九天 天任　丙 生門　乙
艮 8　空o 白虎 天英　丁 景門　丙	坎 1　空o 玄武 天輔　庚 杜門　癸	乾 6 九地 天沖　辛 傷門　戊

圖10：報數鎖定單一宮位。

接著，請問測者從1～9之間任選一個數字，報一個數，類似於決定抽哪支籤（選哪個宮位）。此時，假設客戶報了數字「3」，我們便直接取用數字3對應的宮位（如圖10紅框所示），在奇門遁甲式盤中，3宮位於九宮格中的中央之左，也稱為「震3宮」。問測者求問之事的答案，就在這個格子裡。報數鎖單宮，就是這麼簡單！

步驟參 判斷事情的吉凶成敗：紅吉綠凶

報了數、選了宮位，接著就是「判斷這件事情的吉凶成敗」。若是吉，代表可以進行，或是難度小，容易成功；反之若為凶，就別去做了，或是得有心理準備辦這件事情的難度大、易失敗。九宮奇門在預測吉凶成敗的法則上，使用了最簡單粗暴、直接有力的方法，只有2條規則：「直接否定法」及「計算分數法」（參見圖11）

1 直接否定法：

只要宮位裡見到任何一個「神、星、門、干」出現至少一個「綠色」的「大凶奇門符號」，就直接否決不用！此事斷凶，事難成，易失敗。

這方法簡單、直接、明瞭、粗暴。有大凶的綠色奇門符號，就代表此事有大的風險、阻礙、問題、危險、困難，主凶，難度很大，會失敗。

2 計算分數法：

假若宮位裡找不到任何一個綠色的大凶奇門符號，那我們就加總計算所有「紅色」「屬吉的奇門符號」，算看看總分有沒有60分，若是總分在60分或以上，主吉，事有機會成；但如果低於60分，那也是屬凶，得慎重考慮，或不予採用！預測就是這麼簡單！

至此，事情可不可行已一目瞭然！咱們先論吉凶成敗（紅吉綠凶），再看原因為何！

	分數	吉	大凶（直接否定）
神	20 分	值符・太陰・六合・九天	白虎
星	20 分	天輔・天心・天任	天蓬・天芮
門	40 分	開・休・生	死門
干	10 分，10 分	乙・丙・丁・戊	庚
			空亡 O

圖 11：符號吉凶對照表。

一般要學習、進而掌握任何一項傳統的預測占卜技術，總讓人覺得深奧難學，而其困難重重的關鍵，就是認知上覺得「這一定要學很多或懂很多神祕學的專門知識，才能解讀上天給的訊息」。也因此，廟裡有解籤的老師；塔羅占卜師要熟悉牌面圖像的故事及意義，還有不同牌組的解釋；占星師要知道星座特性、星盤相位、行星運行的交互反應；八字老師要熟悉天干地支、五行生剋、刑沖合會，並且與現在的時空之間產生什麼樣的影響。

古今中外，各門各派，預測占卜的方法眼花撩亂，而任何一種預測占卜方法，可能入門就需要耗費心神、背誦強記，要更進一步達到精準預測與解讀，則更是曠日費時，窮一生之力學習精進，也往往吉凶難測，時準時不準，並非百分百有把握。

因此，很多人在接觸、學習預測占卜時，可能背了很多的資料，熟記各種的卡片圖像、東西方命理玄學符號、象徵意義等等，但是預測時必須將這些個別元素相加組合，這時有些好的，有些壞的，加起來要算好還是壞呢？結果就亂了套，不知該如何決定事情的吉凶成敗。

所以到後來，學任何一套占卜預測系統，結果常常模稜兩可，斷出來都覺得「凶中有吉、吉中有凶」，是吉是凶拿捏不準，到底該不該去做？搞了半天，還是憑個人感覺喜惡。

為了避免這種不吉不凶的預測弊病，讓人難以下最後的決定，同時也讓初次接觸奇門預測占卜的人可以迅速上手、即學即用，九宮奇門在預測吉凶成敗的法則上開創先河，創新使用Yes或No（紅吉綠凶），及計算分數的量化法則，讓判斷吉凶成敗一眼立判，再也不必模稜兩可了，而且快速、直接、簡單，一音定錘！這好比到廟裡拜拜，擲筊問神明，擲出聖筊為允許、同意、行事順利（一陽一陰為Yes），擲出笑筊為狀況不明（兩陽面），無筊則為不宜或否定（兩陰面為No），這道理是一樣的，預測其實也可以很簡單。

步驟肆

解讀符號，察其緣由

我們可以依據「紅吉綠凶」的奇門符號直接判斷事情可行或不可行，使結論明確，不會模稜兩可。接著我們亦可藉由奇門符號來解讀原因，查明是什麼狀況導致了吉凶、成敗結果。

這些奇門遁甲專有的符號，個別都有許多的含義，因此奇門符號本就已透露訊息，在進行這件事時，可能的助力或機會是什麼（紅吉）？而可能的阻力或風險又是什麼（綠大凶）？

首先，我們來認識最重要，主吉的紅色符號，以及大凶的綠色符號，同樣以圖 11 為例：

	分數	吉	大凶（直接否定）
神	20 分	值符．太陰．六合．九天	白虎
星	20 分	天輔．天心．天任	天蓬．天芮
門	40 分	開．休．生	死門
干	10 分，10 分	乙．丙．丁．戊	庚
			空亡 O

圖 11：符號吉凶對照表。

在圖11「符號吉凶對照表」的最右欄位「大凶（直接否定）」中，可見全是綠色符號，主凶，問測時只要在鎖定的宮位內，出現其中任何一個大凶綠色符號，這件事就直接否決了，無論其他符號再好、分數再高，都代表事情不成，運勢大凶。所以檢查宮位內是否出現「直接否定」的大凶綠色符號，可以說是解讀時最優先的動作！

綠色大凶符號

神：白虎

神叫神助或神煞，八神代表做事時是否會有無形的助力（神助）或阻力（神煞）。

白虎是奇門遁甲符號八神系統裡的最凶之神，代表一切的災禍。白虎，在東方玄學定義裡，就是凶惡的、會傷人的，所以可以直觀地想像是：惡人、小人、障礙重重（攔路虎）、疾病開刀、車禍血光、意外傷災、官司刑罰、打鬥暴力等等，自然是「大凶」，避之惟恐不及！

星：天蓬星

星代表天時，天時主要會影響一件事的發展性（吉星）或侷限性（凶星）。

天蓬星是奇門遁甲符號九天星中的大凶星之一。天蓬星，取名自豬八戒，在風水裡又稱為「貪狼」星，好色、大膽、拚搏不顧後果、犯險或風險大、代表凶犯，遇之破財損荷包、或人財兩失。

星：天芮

星代表天時，天時主要會影響一件事的發展性（吉星）或侷限性（凶星）。

天芮星是奇門遁甲符號九天星中另一個大凶星，也常常是所謂的「病星」，在人體稱「疾病」，在事件上稱作「有問題，出問題了」，代表此事有問題，隱藏著看不見的潛在問題，導致此事的失敗，自然屬凶，暫避為妙！因此當作「大凶」來看。

門：死門

門代表人和，人和主要反應在一個人做事時的心態與行動、做事的途徑、方式、與方法、以及門路。

死門是奇門遁甲符號八門中的大凶門，顧名思義，就是門鎖死了，此路不通，死路一條，沒有門路，受困不動，遇死門，這樣怎麼成事？又或者直接取祂的字面含義，死氣沉沉、沒有動靜，自然也不利求問之事的結果，所以也是「大凶」。

干：庚

天干代表進行此事時會遭逢機會、光明、希望、轉機，或代表難以克服的障礙、阻隔。

庚是奇門遁甲符號十天干中屬大凶的天干，五行為「陽金」，可以想像成一大塊的金屬象徵，是不是很容易聯想到「銅牆鐵壁」的意思？五行「金」，金屬也有「堅硬」的特性，遇「庚」，也可想像成進行此事時路上有「大的石頭擋道」，有大的阻隔、障礙，讓事情辦不成。

事情要成，當然希望過程順暢無阻，這時卻撞上了水泥牆，鋼筋水泥、銅牆鐵壁，這還怎麼走下去？因此，碰到「庚」，也是求事不成，屬「大凶」！

特殊符號：空亡○

奇門遁甲符號中的空亡，在許多的APP裡可能以一個圈、或是一個小同心圓標示。空亡，就是辦事成空，或付出多回收少，多勞少獲，白忙一場。所以碰到空亡，等同問的事情「沒了、事多不成」的意思。本來想要的結果就這麼「落空」了，自然也屬於「大凶」。

如果宮位裡碰到上述「任一」個大凶的綠色符號在內，那就是直接打個大叉叉，代表此路不通、此事不成、此人不適、會有問題、風險、阻礙、小人……等等，依此類推。

紅色屬吉符號

如果在鎖定的宮位裡都沒有「大凶」，也就是沒有直接否定法的符號在裡面，此時，我們就要把這個宮位屬吉的紅色符號得分累計出來，超過60分就稱「吉」，宮位得分自然越高越好，就好像抽籤時的上籤跟上上籤；低於60分，就是不及格，分數越低越凶。

首先，我們需先熟悉哪些紅色符號可以正向加分，並且要對這些符號的基本象徵意義熟悉掌握，同樣以上述的圖11為例。

八神吉神：值符（貴人）、太陰（庇蔭）、六合（人緣）、九天（向上發展）

宮位裡有吉神，代表做事時有神助，是一種無形的庇祐或助力，能在辦事時助你一把，或遇難呈祥。

九星吉星：天輔（助力）、天心（格局發展）、天任（可靠負責）

宮位裡有吉星，則這時去辦這件事得天時，也就是趕上現在流行的潮流，有好的發展趨勢，恭逢其時，是吉事，當然可以去做。

八門：開門（開創）、休門（和睦）、生門（生機）

宮位裡遇吉門，反應一個人做事時的心態與行動是積極的、樂觀正面的。顧名思義，門也代表門戶，門路，做事的途徑、方式與方法。若逢吉門，則做事有方法，方式正確，門戶暢通，通行無阻，辦事順利，事半功倍。

十天干：乙（機會希望）、丙（機會希望）、丁（奇蹟轉機）、戊（當甲、值符看，貴人、財運）

干為天干，天干共有十個，甲、乙、丙、丁、戊、己、庚、辛、壬、癸，共十個天干符號。但因奇門遁甲，所以奇門盤內其實不見「甲」，「甲」遁起來了，它遁在宮位內有八神「值符」那一宮的天盤天干底下，因「甲」為十天干之首，首代表首領、頭兒，在公司裡為上司、主管，也就是八神值符的含義：值班是拿符令、掌權發號司令的人，也代表一種貴人、助力、有靠山。

天盤干及地盤干這兩個天干代表事情的最終結果，是事件的本體，兩個天干，去掉甲，九個×九個，可以組合成八十一種「格局」，格局定調了事情的最終結果是吉或是凶，基本上有利天干符號出現的為吉格，例如，乙丙丁戊，紅色符號為吉，代表機會、光明、轉機；不利天干符號出現的為凶格，例如，己辛壬癸，為黑色符號，為凶；而庚是綠色符號，為大凶，代表難以克服的障礙、阻隔。

所以，如果心中有事，想求測，可以自行打開奇門盤，報個數，鎖定宮位，如果宮位裡神、星、門、干皆為紅色，代表做這件事有吉神，有神助、逢貴人；臨吉星，有發展性、發展性大；門為吉門，門路暢通、有方法、有途徑；天干吉，代表是個機會、前景光明，神、星、門、干皆為紅色，大吉之象。

反之，如果宮位裡神、星、門、干皆為黑色，甚至是大凶符號綠色，則代表做這件事會遇凶神，是個災害、恐出意外、有人扯後腿、或遇小人；臨凶星，發展侷限、或沒發展、時機不對；門為凶門，沒門路、滯礙難行、或方法方式不對、處處碰壁遇阻；天干凶，代表是阻礙、陷阱、犯錯或被困，大凶之象或此事難度大，事難成。

具體的每個符號含義，可查閱圖12：奇門符號含義表（論事）。

瞭解奇門符號代表的含義之後，奇門遁甲盤中的符號就不再是死板板的玄學文字了，再搭配圖11「符號吉凶對照表」及兩條吉凶判斷法則，便可開始判斷所問之事的吉凶（知其然），亦能預先得知導致事情成功或失敗的可能原因了（知其然，更知其所以然了）！

奇門盤，麻雀雖小五臟俱全，其中包含了預測吉凶成敗的所有重要步驟以及元素，讀者熟練「奇門四步驟斷事法」後，便如同打開了奇門遁甲的奧妙之門，之後再進入「多人多事占」及奇門運籌、出行、擇吉、風水調理時，便可舉一反三、應用自如了。

	1	2	3	4	5	6	7	8	9	0	進制
宮 （九）	坎 （水）	坤 （土）	震 （木）	巽 （木）	坤 （寄）	乾 （金）	兌 （金）	艮 （土）	離 （火）	宮空亡	九進制
象徵	艱難 沉溺	妻子 婚姻 家庭	事業	桃花 文昌 睡眠	妻子 婚姻 家庭	事業 領導 名望	口舌 是非	財富 生育 健康	事業 功名 桃花	辛勞 無收穫 無力	
六親	中男	母親	長男	長女	母親	父親	少女	少男	中女		
身體	下腹部 生殖	腹部 腸胃	手足 肝膽	肩部 腦神經 肝膽	腹部 腸胃 生育	頭部 肺部 骨頭	口嘴 腸肺 骨頭	腹部 腸胃 生育	眼睛 心血管 頭部	虛弱 無力	
神 （八）	值符 （土）	騰蛇 （火）	太陰 （金）	六合 （木）	白虎 （金）	玄武 （水）	九地 （土）	九天 （金）	值符 （土）	神空亡	八進制
象徵	主管 貴人 升遷	小人 纏繞 變化	女人 貴人 陰私	婚戀 合作	傷病 爭鬥 官非	小偷 迷糊 玄學	困守 鬱悶	出行 分離 升遷	主管 貴人 升遷	辛勞 無收穫 無力	
星 （九）	天蓬 （水）	天芮 （土）	天沖 （木）	天輔 （木）	天禽 （土）	天心 （金）	天柱 （金）	天任 （土）	天英 （火）	星空亡	九進制
象徵	凶犯 風險 破財	疾病 學習 仙佛	冒失 衝突 是非	輔助 老師 學校	保守 尊貴	財官旺 醫生	破壞 口舌 官司	責任 財富	漂亮 桃花	辛勞 無收穫 無力	
門 （八）	休門 （水）	死門 （土）	傷門 （木）	杜門 （木）	死門 （寄）	開門 （金）	驚門 （金）	生門 （土）	景門 （火）	門空亡	九進制
象徵	休閒 婚戀 貴人	低落 受阻不動 陰宅	傷害 毀損 車子（禍）	阻隔 躲藏 技術	低落 受阻不動 陰宅	開拓 工作 店面公司	口舌 是非 官司	財運 陽宅	前景 喜宴 血光	辛勞 無收穫 無力	
干 （十）	甲 （戊）	乙 （木）	丙 （火）	丁 （火）	戊 （土）	己 （土）	庚 （金）	辛 （金）	壬 （水）	癸 （水）	十進制
象徵	權貴	機會 軟弱 妻子	機會 亂子	機會 情人	錢 房子	陷阱 騙人 被騙 坑	阻隔 災禍 男人	錯誤 改革 創新	走動 困住	走動 困住	

表格中紅色符號為吉，黑色符號為不吉，綠色符號為大凶。

圖 12：奇門符號含義表（論事）。

case1

第三節 實際案例

朋友創業找我入股投資，我該投資他嗎？

接下來，我們用七個案例來示範如何運用奇門四步驟，判斷事件的吉凶成敗。

某日，我照例在上海的奇門公益群裡回夥伴們的問題，直到半夜突然一個夥伴發問了：「老師，不好意思想請教您，有個朋友想要創業，找我入股投資，我應該投資他嗎？」

正好，我在公益群裡剛上完如何用奇門鎖單宮預測占卜這個單元的公益課，心想就藉此例來示範預測四步驟吧！

「現在幫你起盤問事，好嗎？」

「好！太棒了，老師謝謝您！」

當事人起心動念，與預測師有了意向的確認，就等於認同了要一起進入奇門時空，尋找解答。

步驟一，打開奇門APP，按下「起盤」鍵。

當時的「現時」是二〇一九年八月十二日，凌晨一點四十二分，起出了奇門盤。

奇門排盤

時	日	月	年	日期：12/08/2019 時間：01:42 局數：陰遁 2 局（置閏） 旬首：甲申（庚） 值符：天英 值使：景門
己	辛	壬	己	
丑	巳	申	亥	

巽 4 玄武 天心 癸 景門 丙	離 9 空 o 白虎 天蓬 己 死門 庚	坤 2 空 o 六合 天任 辛 驚門 戊丁
震 3 九地 天柱 壬 杜門 乙		兌 7 太陰 天沖 乙 開門 壬
艮 8 九天 天芮 戊丁 傷門 辛	坎 1 值符 天英 庚 生門 己	乾 6 馬 螣蛇 天輔 丙 休門 癸

圖 13：案例 1 的奇門盤。

步驟二，請問測者從1～9隨機報個數字，問測者報9。

這時，所問之事的吉凶成敗就在代表「9」的宮位裡。而9宮，就是「離9」宮，位於奇門九宮格上邊中間那一格。此時已簡單迅速又確實地完成了第二個步驟了！

步驟三，判斷事情的吉凶成敗（紅吉綠凶）。

這時我眼睛一瞥，立馬知道事情不妙，然後緩慢而堅定地對他說：「此事不成，不宜投資！」

為何？我們把客戶選的「離9宮」單獨抽出來，將它放大，好好的細看解讀。

首先必須看宮位內有沒有出現「直接否決」的大凶綠色符號在裡面。

巽 4 玄武 天心 癸 景門 丙	離 9 空 o 白虎 天蓬 己 死門 庚	坤 2 空 o 六合 天任 辛 驚門 戊丁
震 3 九地 天柱 壬 杜門 乙		兌 7 太陰 天沖 乙 開門 壬
艮 8 九天 天芮 戊丁 傷門 辛	坎 1 值符 天英 庚 生門 己	乾 6 馬 螣蛇 天輔 丙 休門 癸

離 9 空 o 白虎 天蓬 己 死門 庚

圖 14：案例 1 的奇門盤「離 9 宮」。

今天問測者報數選的這一宮位，幾乎可以說是大凶符號的同花順了，讓我們好好地一一查看：

♠白虎
♠天蓬
♠死門
♠空亡
♠庚

單獨出現一個綠色符號，此宮位就已經符合「直接否定法」，吉凶已定！出現那麼多個，可說是凶上加凶，上天在提醒當事人此事萬萬不可啊！這相當於送分題，毫不考慮地就可以下結論了！吉凶成敗的判斷過程就是這麼簡單、直接，一眼立判，紅吉綠凶，只要宮位內有任一個綠色大凶符號，只要有一個出現，就得特別謹慎小心，明示著此事不宜呀！

步驟四，解讀符號，察其緣由。

案例1「離9宮」中的八神「白虎」為災禍，九星「天蓬」為破財，八門「死門」為財路不通，地盤干為「庚」，代表阻隔、阻礙，還有「空亡」象徵的白忙一場。綠色符號為大凶，可以直接否定，斷此事難成或論凶。

神、星、門、干，**「神」表貴人或小人，「星」表發展性，「門」表門路、途徑、方法、「天干」表機會或阻礙**，以上皆出現綠色符號，凶神白虎，代表此事不僅沒有貴人相助，還可能遇小人，是個災害；凶星天蓬，代表此事不僅沒發展、沒搞頭，問求財，天蓬逢之必破財；凶門死門，受困、停滯、找不到方法、沒有門路；再加上一路上遇阻，此事不宜，論凶，已是非常明顯了。

諮商時，我們與問測者要講人話，要講對方聽得懂的白話，什麼白虎啦，死門啦，天蓬啦，講這些奇門的專有名詞問測者是聽不懂的，所以必須轉換一下，告訴對方：

依照此盤判斷，你的合作對象是不是個很強勢（白虎）、有時霸道不講理的人？說起計畫來是不是把投資項目的餅畫得很大，對於你提出來的顧慮、擔心的事，是不是都說沒問題，反正這機會很棒，先搶先贏（天蓬，激進、野心大、不顧風險、搶、拚搏、敢賭），又缺乏落實執行的計畫？客戶哪裡找、實務上怎麼做，好像也沒個準？然後參與投資的各方可信度又不清楚？看來他一心想賺大錢、賺快錢？若有這些狀況，你得好好想想，好好考慮！

問測者聽到這些敘述，以及現實中讓他心生疑慮的緣由一一命中被點出來，最後決定採納我的建議，不搞了，從善如流，以求明哲保身！

case2 三個工作機會，我該選哪個比較好？

在上節中，以鎖單宮預測占卜來示範判斷吉凶的第一條規則「直接否定法」。接著，以案例2來示範如何應用第二條規則「計算分數法」，以及當自己或問測者遇到有多個選項的問題時，該如何應用基本原則處理。

某日，有位問測者來求測，問：「我現在手邊有三個工作面試都錄取了，看起來條件跟工作環境好像也都還不錯，請問該選哪個比較好？」

步驟一，同樣依據當事人提問的當下時間二〇一九年八月十三日，下午十六點三十三分，打開奇門APP，按下「起盤」鍵，起出了奇門式盤。

步驟二，接著，請問測者從1～9隨機報個數字，報數鎖單宮。但問測者有三份工作要做選擇，那麼我們稍微彈性變化一下，問一件事情的時候報一個數，現在有「三」個工作，請對方依順序三個工作報三個數字，每個數字都是從1～9之中任選一個，便可分別代表這三個工作了。

當有複數選項的時候，問測者自己心中要先認定，報的數字分別對應哪一個選項。這時，該位客戶分別報了：5、4、7三個數字。

還記得報數法章節中提醒的嗎？奇門遁甲式盤中，「5」宮為中間的空格，是

奇門排盤

時	日	月	年	日期：13/08/2019 時間：16:33 局數：陰遁2局（置閏） 旬首：甲辰（壬） 值符：天柱 值使：驚門
戊	壬	壬	己	
申	午	申	亥	

巽 4 太陰 天英 庚 開門 丙	離 9 螣蛇 天芮 戊丁 休門 庚	坤 2 值符 天柱 壬 生門 戊丁
震 3 空o 六合 天輔 丙 驚門 乙		兌 7 九天 天心 癸 傷門 壬
艮 8 空o 白虎 天沖 乙 死門 辛 馬	坎 1 玄武 天任 辛 景門 己	乾 6 九地 天蓬 己 杜門 癸

圖15：案例2的奇門盤。

不用的，凡是選「5」的就直接當成「2」來看。因此，這位問測者的第一個選項，其實就是九宮格裡最右上角的「坤2」宮。

巽 4 太陰 天英 庚 開門 丙	離 9 螣蛇 天芮 戊丁 休門 庚	坤 2 值符 天柱 壬 生門 戊丁
震 3 六合 天輔 丙 驚門 乙		兌 7 九天 天心 癸 傷門 壬
艮 8 白虎 天沖 乙 死門 辛	坎 1 玄武 天任 辛 景門 己	乾 6 九地 天蓬 己 杜門 癸

圖 16：案例 2 報數「5、4、7」，分別對應「2、4、7」。

接著便按照當事人「選取的順序」，分別一一判斷看看哪個選項比較好。

對方最先報的數字是「5」，等同取了「2」宮，此時需檢查有沒有適用「直接否定法」的大凶綠色符號在內。「坤2宮」看起來不錯，沒有任何的大凶符號，第一關通過！那麼接著就是計算宮位中的分數。

	吉	分數
神	值符・太陰・六合・九天	20 分
星	天輔・天心・天任	20 分
門	開・休・生	40 分
干	乙・丙・丁・戊	10 分，10 分

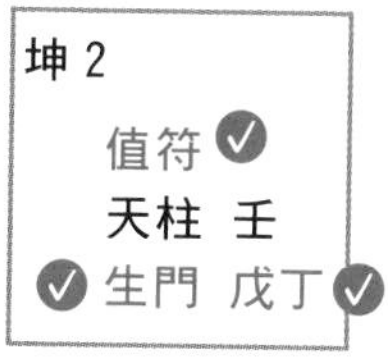

圖 17：案例 2 的奇門盤「坤 2 宮」中紅色符號的分數。

查看「符號吉凶對照表」，這個「坤2宮」中的紅色符號有：

♥值符：＋20分

♥生門：＋40分

♥戊：＋10分

以上三個都是紅色符號，加總起來是70分，超過及格分數了，是個不錯的工作選擇，可列入考慮！

接著看看第二個選項，問測者報的第二個數字是「4」，把「巽4宮」單獨拉出來計算，可見其中有：

♥太陰：＋20分

♥開門：＋40分

♥丙：＋10分

總分也是70分，那麼也可以列入選擇囉？

巽 4

太陰
天英 庚
開門 丙

	大凶（直接否定）
神	白虎
星	天蓬．天芮
門	死門
干	庚
特殊符號	空亡 O

圖 18：案例 2 的奇門盤「巽 4 宮」中有綠色大凶符號。

等等！「直接否定法」必須優先考慮！凡出現「直接否定法」的綠色大凶符號在宮位內，就直接判斷此宮位所代表的事情辦不成、或論凶！

「巽4宮」裡有個「庚」，可惜啊，天干「庚」為大凶，直接否決了！所以「巽4宮」所代表的公司職務，對當事人而言是個不利的選項，直接論斷該工作別選，別去了，不予考慮！

最後是問測者第三個選項，報數「7」，因此鎖定「兌7宮」來判斷。

這次我們一樣要先注意到底有沒有大凶綠色符號在內，仔細一看，沒有破壞王在內，便可使用「計算分數法」，計算紅色屬吉的符號總分。

兌 7
✓九天
✓天心 癸
傷門 壬

	吉	分數
神	值符・太陰・六合・九天	20 分
星	天輔・天心・天任	20 分
門	開・休・生	40 分
干	乙・丙・丁・戊	10 分，10 分

圖 19：案例 2 的奇門盤「兌 7 宮」中紅色符號的分數。

「兌7宮」紅色屬吉的符號分別有：

♥九天：＋20分

♥天心：＋20分

因此兌7宮總分是40分。

當事人共有三個工作選項，經過奇門盤的判斷比較，可以得出的結論是：

＊第一個選項70分，超過60分就屬及格，是個適合當事人任職發展的工作。

＊第二個選項落入「直接否定法」範疇，不可取。

＊第三個選項得分40分，不及格。

建議可選第一個相對比較高分的工作選項，第三個低分選項不需選用！

經過以上兩個清楚明確的斷例，是不是發現九宮奇門鎖單宮預測占卜沒有想像中複雜，反而相當好上手，簡單、直接、粗暴、又好玩呢？

case3

求測線上課程的投資可行性？

一日，學員的朋友受邀入股一項新的網路線上課程平台的創業計畫，由於近年來各種線上課程平台如雨後春筍般竄出，風風火火，實在非常誘人。但畢竟茲事體大，當事人對市況的了解有限，因此請我的學員協助，問測投資的可行性。

問測者報數「5」，如前所述，凡報數「5」，宮位為中宮，直接按規則改取「2」，為右上角「坤2宮」。

奇門排盤

時	日	月	年	日期：26/02/2020 時間：11:06 局數：陽遁6局（置閏） 旬首：甲子（戊） 值符：天心 值使：開門
庚	己	戊	庚	
午	亥	寅	子	

巽4 太陰 天任 庚 休門 丙	離9 六合 天沖 丁 生門 辛	坤2 馬 白虎 天輔 丙 傷門 癸乙
震3 螣蛇 天蓬 壬 開門 丁		兌7 玄武 天英 辛 杜門 己
艮8 值符 天心 戊 驚門 庚	坎1 九天 天柱 己 死門 壬	乾6 空o 九地 天芮 癸乙 景門 戊

圖20：案例3的奇門盤。

依照九宮奇門斷吉凶成敗的規則：紅吉綠凶，我們一眼就瞥見綠色符號大凶神「白虎」在「坤2宮」中，因此可以直接否決，白虎為大凶災，此事不宜！

首先，因為「鎖單宮」預測法確定「直接否決」，此事預測方向為凶，事有災禍，這件事的主軸已經定調，因此可將「坤2宮」中的所有符號朝向「負面」的含義解釋。

此盤局中，「乙」天干因排盤規則的關係而寄宮於「坤2宮」，恰與地盤「癸」天干一組。因奇門「遁」甲，整個盤中是看不到甲的，而我們使用的轉盤奇門，中宮又不用，所以只用8個宮位要排剩下的9個天干，則天盤干、地盤干必定有一個宮位得多寄一個天干，而此特殊的宮位就稱為「寄干」。有寄干就是有多，多一個人、多一件事、或多一件物，因為多了其他人事物，往往牽涉的事情就更為複雜。所以，宮位內見寄干，做事的往往不只一人，投資合作也並非只有一人，往往是合資或合夥。

而這位問測者的問題是有人來邀請「合夥創業」，合夥，必定多人、多事，而「坤2宮」恰巧比其他宮位多了一個符號，不就正巧「坐實」當事人的情況，「獲邀加入合夥之事」了嗎？

而「乙」天干在這個盤中，是跟在「癸」天干旁邊的，稱為「寄干」。「寄干」，就是依附，而當事人是受到邀約，非主導人；此外，宮位內還有個「天輔星」，「輔」就代表從旁輔助協助，代表當事人是受邀來輔助、輔導的，做為出資的諮詢參謀（寄干＋天輔）。

「天輔星」的原始含義，就是從旁輔佐，循循善誘，類似於輔佐大臣。天輔本位在巽宮，配的是巽卦，巽為風，如沐春風，循循善誘，象徵老師，或如孔老夫子一樣。因此，「天輔星」為文昌君，也代表學校，或與教學、學習有關。

再者，宮位中見「丙」，在奇門符號中，「丙」天干的五行屬火，古時，火在夜晚中可帶來光亮，能使人「看得見」，古代傳遞資訊、訊息，用的就是夜間點火的烽火台，因此，火帶有「訊息」的含義。而現代用電，火為電，所以「火」代表電器，能傳遞資訊、訊息，「丙」就有電腦、手機、通訊、網路的象徵。

而「癸」天干，古時又稱為天網，是農民架在農田用來補鳥的工具，所以癸為網，而「丙＋癸」，就是傳遞資訊（丙）的網（癸），這不正是網際網路嗎？又坐實了此人所問的問題。

另外，「丙」為南方火，奇門又稱之為朱雀（火炎上，鳥在天上飛，名之為雀，火顏色為紅，名之為朱），丙火為乙丙丁三奇之一，代表機會、希望、光明；而「癸」為網，五行屬水，奇門稱之為天羅地網。飛鳥遇上了網子，不正是「自投羅網」嗎？鳥被網捕捉，困住、纏住了，動彈不得，沒法飛了。更進一步解釋，「丙」五行屬火，「癸」五行屬水，火被水滅了，機會和希望的火被水澆熄了，豈不是沒機會、沒希望了嗎？

至此，我們可以先找宮位內的符號，把符號當「中性」無吉凶的名詞來看，判斷符號有沒有坐實問測者所問的這一件事？若有，坐得越實，則越表示你跟你的高我（指導靈）默契越好，盤越能準確忠實地反應出現況或問題，預測起來也更有把握，更準確。這好比醫生看病，病人久咳不癒，去照X光片，看到肺部有白點（『久咳』對『肺部有白點』，坐實），則醫生就能確診，對症下藥了。

一般預測師，有時為了顯示自己的功力高強，習慣問測者一上來，啥也別說就開始盲斷。另外也可能是問測者被騙多了，想要試試預測師，所以什麼都不說就要預測師斷幾條看看，斷準了才給測。

這叫盲斷、瞎斷！若是這樣可行，下次各位讀者去就醫看病時，也可以這樣試看看，當醫生問你哪兒不舒服時，你可以這樣回答他：「你不是醫生嗎？你不是很會看病嗎？我是來看病的，我有什麼病你要看得出來呀！我不說，我偏不說！你猜！猜得準，我就給你看病！猜不準，我走人！」

其實預測斷事和求醫看病一樣，都要經過一道程序，稱為「辨証」。

將符號（病徵）一一確認後，再把宮位內的每個符號串連起來，去描述問測者所問的這件事，就像將分鏡組合起來，拼成一個完整的故事。

當事人受邀合夥入股，寄干為合夥、合資，天輔為學習教學，丙＋癸為網路，合起來為「邀請合作（寄干），入股一項新的網路線上課程平台（天輔＋丙＋癸）」。

這件事會有什麼樣的結果呢？把宮位內的符號當成形容詞來看，做為修飾，吉的符號做吉的修飾，凶的符號，做凶的修飾。

這是一個災禍，因為宮位內有綠色大凶神，白虎，牽扯的人多、事多、麻煩多，可能會有爭鬥（寄干＋白虎），去做這件事可能被困住、纏住、套牢，像是自投羅網，無法抽身（丙＋癸），投入便很難全身而退。而且只能當個二把手，從旁輔助，被動受制，無法作主（乙＋天輔）；又或此投資案中可能主導者個性比較強硬、專斷獨行，容易釀成災禍（白虎）。

結論：這是個災，是禍不是福、不宜合夥投資。

後來我請學員將此分析轉告當事人，請當事人從旁小心觀察印證是否有這些跡象，若有，就別參與了吧！幾天後，當事人果然發現主導者非常強硬，只希望投資人出錢，餘事別管，一味強調此案是賺錢難得的機會，千萬要把握，別錯過！

九宮奇門鎖單宮預測法，配合符號含義的解釋，就足以顯示一事之吉凶成敗、可能導致的原因或可能遭遇的風險。符號會越用越熟練，越深入越能舉一反三，勤加練習，功力就能由一次次的經驗累積而來。

case4 學員問這個月的業績是否能夠達成？

奇門排盤

時	日	月	年	
戊	丙	戊	庚	日期：13/02/2020 時間：19:06 局數：陽遁 5 局（置閏） 旬首：甲午（辛） 值符：天任 值使：生門
戌	戌	寅	子	

巽 4 空○ 九地 天心 己 傷門 乙	離 9 九天 天蓬 癸 杜門 壬	坤 2 馬 值符 天任 辛 景門 戊丁
震 3 玄武 天柱 庚 生門 丙		兌 7 塍蛇 天沖 丙 死門 庚
艮 8 白虎 天芮 戊丁 休門 辛	坎 1 六合 天英 壬 開門 癸	乾 6 太陰 天輔 乙 驚門 己

圖 21：案例 4 的奇門盤。

當事人報數為「4」，因此鎖單宮為「巽4宮」。

求測當月業績能否達成？「巽4宮」逢「空亡」，直接否決！結論是業績達不到，空亡，希望落空，付出多回收少，付出得個空！

八神逢「九地」，九天，天為高；九地，地為低，問業績，逢「九地」，直讀業績做得低，達不到目標，空亡，事多不成！

傷門，為捕獵、追捕。問業績，不就是業務員要像獵人一樣，出外到處狩獵、拿訂單，追求業績機會嗎？天心有心情的意思，所以傷門＋天心，直讀為「傷心」。

問測業績是否能達成？結果應該是達不到（空亡），業績做得低（九低），所以傷心（天心＋傷門），投入多，得不到應有的回報。因此，問什麼就答什麼！問業績，符號就往跟業績有關的方向去做解讀，像這種一翻兩瞪眼的問題，基本上是送分題，符號已經提示了方向與結果。問業績達不達得到，見空亡這個綠色大凶符號，事落空，事多不成，達不到；逢九地，業績做得低！這種類似的問題，例如問考試，問升官，出現空亡＋九地，基本上答案都是一樣的。問考試能否考上？空亡，考不上，九地，分數低。能否升官？空亡，希望落空，九地，原地不動，升不了。相反的，沒空亡，遇吉門，開門，又逢九天，往上升天了，人往高處爬，這才是有機會！

case5

與現在這個曖昧對象能否有進一步的交往或發展？

學員在學習單宮斷之後，測問自己的感情，想知道究竟與現在這個曖昧對象，能否有更進一步的交往及發展？當事人報數「2」，故鎖定「坤2宮」。

奇門排盤

時	日	月	年	日期：01/03/2020 時間：23:06 局數：陽遁3局（置閏） 旬首：甲子（戊） 值符：天沖 值使：傷門
甲	甲	戊	庚	
子	辰	寅	子	

巽4 騰蛇 天輔 己 杜門 己	離9 太陰 天英 丁 景門 丁	坤2 六合 天芮 乙庚 死門 乙庚
震3 值符 天沖 戊 傷門 戊		兌7 白虎 天柱 壬 驚門 壬
艮8 九天 天任 癸 生門 癸 馬	坎1 九地 天蓬 丙 休門 丙	乾6 空o 玄武 天心 辛 開門 辛

圖22：案例5的奇門盤。

「坤2宮」裡有天芮、死門、庚，皆屬直接否決的綠色大凶符號，而且高達三票，自然是判斷此事休矣！

問感情交往之事，「八神」為「六合」，「六合」的合，恰好就代表婚戀感情，或合夥合作，因為一個人沒法叫「合」，至少要兩個人以上，才有「合不合」的問題，所以坐實，所問正是感情之事。

坤2宮，天地盤干「乙」旁有「庚」，為「寄干」，代表不止一人之事，也坐實。而在中國傳統的數術當中，天干乙為陰木，陰為陰柔，陰木為依附的植物，如牽牛花、藤蔓植物，亦象徵古代的女人或妻子，依附柔順。而「庚」為陽金，陽、金皆表陽剛、強硬，象徵古代的男人或丈夫，而且一個陽天干，一個陰天干，而在天干的關係中又形成了天干五合，乙與庚合，一陽一陰，恰好象徵「一對」情侶、夫妻的關係，也坐實了當事人所問之事的含義。

此時在旁有天芮，為「病星」，代表這件事「有問題」，而「庚」又是阻擾、障礙；「死門」不動，無法有進展，若想更進一步發展，此事沒門，希望渺茫。

此時，另一學員突然恍然大悟地反饋道：「她問的是與職場上同事的曖昧關係，『寄干』也是距離近、依附在身邊的，同宮往往也是同屋、同個地方、在身邊的。不過他們的關係並不是很正常，男女方也不是很純粹單身找對象的狀態（兩個乙庚為兩對）……看來不好好梳理自己的狀況，就想貿然進入下一段關係，這樣的期望本來就不實際啊！」

只能說此盤真是坐實不已，完完全全符合當事人的現況。

case6

現在離職是個好時機嗎？

學員想離職，思索現在離職的時機是否恰當，因此起了一盤。

該位學員報數為「3」，鎖定宮位為「震3宮」。

奇門排盤

時	日	月	年	日期：16/04/2020 時間：14:06 局數：陽遁 7 局（置閏） 旬首：甲子（戊） 值符：天柱 值使：驚門
辛	己	庚	庚	
未	丑	辰	子	

巽 4　馬 六合 天任　己 景門　丁	離 9 白虎 天沖　癸 死門　庚	坤 2 玄武 天輔　丁 驚門　壬丙
震 3 太陰 天蓬　辛 杜門　癸		兌 7 九地 天英　庚 開門　戊
艮 8 螣蛇 天心　乙 傷門　己	坎 1 值符 天柱　戊 生門　辛	乾 6　空 o 九天 天芮　壬丙 休門　乙

圖 23：案例 6 的奇門盤。

檢視「震3宮」內的符號，一眼看到綠色大凶符號「天蓬」，直接否決！但仍有疑慮，因此在學習群裡指導該學員釐清自己的課題。

主題是「想離職」，「天蓬」有「膽大妄為，不顧後果，太冒風險，恣意妄為」的含義，對照當事人想要採取的行動，或許正在提醒他，離職的想法過於大膽冒進。

「震卦」在風水學裡，本也代表「官祿」，也就是「事業工作」的象徵；而「震」為「雷」，打雷震動，隱含變動之意；震卦在人體的部位中代表「足」，也有「走」的意思，因此也隱含變動的意思。

而「辛」者，「新」也，想要求新改變之意，但這個新的改變是好是壞呢？

「辛」天干有「錯誤」的含義；而另一個「癸」天干，在人體代表「足」、「腳」，引申就是「變動、移動、走人」；然而又見「杜門」，取「堵」之意，就是門路不順。

至此，我們再好好地把這些符號含義做一次完整而詳細的組合與解讀，便可得到：當事人現在想離職，但風險太大（天蓬），而且此時做新嘗試與變動可能走錯路了（辛＋癸），遇「堵」，閉塞不通（杜門）。

這位學員此時才坦承，雖然希望轉換工作環境，但因為有不少貸款財務壓力，因此才猶豫不決，想起盤來協助自己做決定。

有經濟壓力、負債，且沒有其他確定的工作機會在手（震宮＋杜門），就想要離職（癸＋震宮），風險如此高，豈不大膽（天蓬）？而在自身現實面條件不足，外在環境不明的狀況之下，卻希望可以離職，豈不是在提醒當事人，可能因為一時衝動做下錯誤的決定（辛＋癸＋天蓬）嗎？

在帶著學員一步一步解讀此宮位的含義後，對應此起盤時機，二〇二〇年初起，因國際疫情影響，離職容易求職難，更何況還有現實口袋不夠深的問題，有這些顧慮，若還是堅持離職，豈不是思慮不周，大膽冒進，承受完全未知的風險嗎？自然結論是不適合離職了！

給人希望，功德無量！當然也要鼓勵一下當事人，此時時機不好，一鳥在手勝過二鳥在林。原職固然不算極佳，但也還是個可以有固定穩定收入的狀況，不如趁這段疫情時間，潛心學習，默默耕耘，把自己的專業、心態準備好，等待疫情過後更好的時機到來，機會永遠都會留給準備好了的人！

case7 獲得三個單位錄取，哪一個才是最理想的工作機會？

一位學員獲得了三個工作單位的錄取通知，希望用「九宮奇門」鎖單宮的方式，協助他判斷究竟哪一個才是最理想的工作機會。

此時學員自己報了「3、5、7」三個數字，因此三份工作分別落於「震3宮」、「坤2宮」、及「兌7宮」。

奇門排盤

時	日	月	年	日期：25/06/2020 時間：11:06 局數：陰遁3局（置閏） 旬首：甲子（戊） 值符：天沖 值使：傷門
庚	己	壬	庚	
午	亥	午	子	

巽 4 玄武 天芮 己丙 驚門 乙	離 9 白虎 天柱 癸 開門 辛	坤 2 馬 六合 天心 丁 休門 己丙
震 3 九地 天英 辛 死門 戊		兌 7 太陰 天蓬 庚 生門 癸
艮 8 九天 天輔 乙 景門 壬	坎 1 值符 天沖 戊 杜門 庚	乾 6 空 o 螣蛇 天任 壬 傷門 丁

圖 24：案例 7 的奇門盤。

第一個工作選項「震3宮」中有大凶符號「死門」，直接否決，不予考慮。

代表第二個工作選項的「坤2宮」，有「休門」40分，「六合」20分，「天心星」20分，高達80分啊！加上該工作單位很急著希望當事人儘速到職，不斷催促，讓當事人心癢難耐。

第三個工作選項「兌7宮」中有大凶符號「天蓬」、「庚」，也是直接否決處理。

而第二份工作，「坤2宮」中恰逢「馬星」，馬星代表「馬上」，有速度快、馬上面臨的意思，正對準當事人被要求立即「走馬上任」的訊息。而「馬星」也代表「驛馬」，提示此份工作有到處跑、差旅頻繁，須赴外地工作的可能。

「六合」主和諧、人緣好；「休門」代表氣氛佳，因此可以推測，工作單位的氣氛和諧，同仁之間合作愉快。

「天心星」為核心、策劃；「丁」為機會、光明；「己」為想，代表動腦子、出點子、要動腦筋、策劃、搞創意，所以這份工作應該是頗居要位的企劃類型職務。

因此，「坤2宮」代表的工作機會不斷催促當事人回覆，急著要人，必須立刻走馬上任（馬星）；看起來應該是個不錯的機會（丁＋休門）；而工作的性質應該是核心企劃人員，需要動腦出點子（天心星＋己），而且可能差旅頻繁，常赴外地（馬星）；而工作單位內部氣氛融洽、關係和睦（六合＋休門），工作起來心情輕鬆愉悅（天心星＋休門）。

一連串分析下來，學員連連稱是，直呼九宮奇門真奇妙！而這麼一個可遇不可求的工作機會，自然鼓勵學生務必好好把握，好好幹，未來有機會更上一層樓！

第 2 堂課

用奇門看手機號，快速掌握對方的性格與運勢

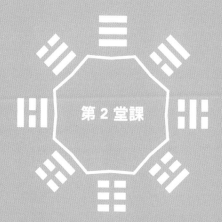

第一節 為什麼用手機號就能判斷對方個性及運勢？

第一堂課教予各位的，是報數「鎖宮法」，此法可以迅速判斷事情的吉凶成敗。由此，相信各位也了解到在奇門遁甲盤的一個宮位中，就蘊含了上天提供的豐富訊息。但除了這個「鎖宮法」，還有沒有更直觀、更快速的方法呢？有的！那就是「奇門造宮法」！我們可以運用「造宮法」將一個人的手機號轉換成對應的奇門符號，並且快速地了解對方的性格及運勢。

- **鎖宮法：斷一件事的吉凶成敗。**
- **造宮法：斷一個人的性格及運勢。**

為什麼手機號可以提取個人訊息，進而了解一個人呢？

由於宇宙中的萬事萬物都在震動，所以你的震動頻率會吸引來相似的人、事、物與環境，包括手機號，或者說你會挑選震動頻率與你相近的手機號，這在中國易經裡稱為「同聲相應，同氣相求」，同頻相吸！

既然你的個人物品如手機號是被你的震動吸引而來，那麼當你改變震動後，你將可能面臨一段賣東西、換東西、掉東西、或購買新東西的時候。你可能翻遍衣櫥卻找不到一件合適的衣服，你想要穿新衣服、換新髮型，你可能也會搬家、或住到新的地方，當然也可能會換工作。

在開始學習如何將手機號轉換為奇門符號之前，我們可以先來探討一下，為什麼單只用手機號，不用八字，就能提取一個人的訊息呢？這要談到一個奇門遁甲所流傳下來的核心理論——萬象全息論，也就是萬事萬物之間，無論是天象（日月星辰）、地象（山川大地）、人象（相遇的人）、物象（一幅圖、一個手機號……）、意象（意念、想法）等，彼此是相互關聯的，而且含有彼此的訊息。不論是你閱讀的書籍、吃的食物、喝的水、穿的衣服、接近的人、動物、住的房子、開的汽車、看的電影、做的運動、聽的音樂等等，全部都可以跟你產生連結，都含有你的訊息。

什麼叫做「全息」？

英國物理學家 D.Gabor（1900~1979）於一九七一年獨自榮獲諾貝爾物理獎，得獎原因是他發明的 holography ——用兩組雷射光拍照，在底片上留下干涉條紋，當你觀看這種照片時，干涉條紋便會產生稱為 hologram 或 holograph 的立體影像。

這種照片相當奇特，即使被撕成幾片，每片仍會保有完整的圖樣，只是「解晰度」減低而已。後來有人推而廣之，凡是碰到「**系統的一部分擁有整個系統的資訊**」這種現象，都一律冠上 holographic 這個形容詞。甚至還有人根據這個原理，提出所謂的 bio-holographic theory，而不少人深信，它就是中醫的科學基礎（此段文字摘錄自網路）。

面對 holograph 這個字根，現在學者基本上一律採取上述的廣義解釋，將它翻譯成「全息」，其中「全」是由於希臘字首 holo 代表「完全」或「完整」，而「息」則是「信息」的簡稱。

簡而言之，萬象全息論的全息，就是指「局部代表全體」，也就是「即使只有全體其中的一部分，局部，也對應著全體的訊息」。

這好比想要知道一條河流是否有污染，不必把整條河流的水全搬回實驗室檢查，只需要抽取一部分河流中的水帶回實驗室檢驗，一旦這取樣的水被檢驗出有污染，則整條河流也可能被污染了！為什麼？因為局部代表全體，這局部抽樣的水含有與這整條河流的水相同的成分！

這用中醫來舉例也很好理解，例如腳底按摩，只按腳底（局部）某處，就知道全身（全體）哪裡有毛病；針灸可只扎在耳朵，耳針（局部）可治全身的疾病（全體）；看面相、看手相、看陽宅、看姓名等等，只要跟你有關的（局部），知道如何找到對應關係、知道如何提取訊息的，都可以用它來提取你個人的訊息（全體）。

所以，你出生的時間（八字）、住的房子（陽宅）、你的長相（面相）、Line選用的頭像，你選的配偶、挑的車子，廟裡求的籤、個人手機號碼、穿的衣著顏色、甚至是你喝完咖啡的咖啡渣，你坐的位置背後的一幅畫，一切種種跟你切身相關的、或剛好與你產生聯繫的（共時同步的連結），雖可能看似你主動挑選的（例如：自己挑的髮型），或是被動接受的（例如：電影院的座位），但這些跟你相關的大小人事物（局部），全都攜帶著跟你（整體）有關的「訊息」。

這種萬事萬物跟你有關的人事物，都能承載或反應你的部分訊息。萬象全息論，說明了萬事萬物彼此之間，或局部的訊息，具有延伸、連結整體的潛力與功能，因為宇宙有「共時性」，個人時空會與整體時空共振。人不是一個獨立的有機體生物，而是宇宙的一部分，時時刻刻都跟宇宙裡的萬事萬物交換訊息，而在你這個人體，秉天地之氣而生成的你，小我，也蘊含了宇宙的本質、訊息、及奧祕，因此你即宇宙、宇宙即你，這就是所謂的「萬象全息論」！

而懂得「萬象全息」原理，並且知道如何正確解讀的人，就能夠透過這些小小的事物，提取相關的訊息，以小見大，推論出可能連當事人都不明白、不知道的真相。

隨著這幾年網路影片如雨後春筍般、前仆後繼的在介紹東西方神祕學、宇宙未解之謎、靈性的揚升這類話題，越來越多人開始對這些知識產生了莫大的好奇及興趣，同時也越來越可以接受這些觀點了。可是在聽了這些東西，除了它具有娛樂的效果又可以滿足我們的好奇心之外，知道那麼多這類知識，真正對我們實際上的生活又能起到多大的幫助呢？

對於學習奇門的人來說，這就有很大的不同了！因為我們可以用它來提取訊息、預測未來，甚至還可以改變未來！第二堂課，就是運用這個「萬象全息論」的原理，用一個人的手機號（數字）來轉換成我們可以看得懂的奇門符號，再藉由符號的解讀，掌握一個人的個性及運勢。

換句話說，在不易取得對方的八字之下，只用一個手機號，不僅就可以知道此人的個性性格、觀念想法、行為表現，還可以拿它來算命，分析此人的流年運勢、以及接下來可能會發生哪些事。

接下來，我們便用實際舉例來說明如何用「九宮奇門」的「造宮法」，將一串手機號轉換成奇門單宮，並分析一個人的個性及運勢！

第二節 如何將手機號轉換成奇門單宮

充分瞭解「萬象全息論」後，我們該從何處著手，開始應用呢？其中最方便、最有趣、又最容易取得的，就是一個人的手機號！

現代人人手一機，而手機號碼原則上比較不牽涉隱私以及交往深度的問題，只要稍有認識的人，為了將來聯繫方便，都可以加以探問取得。

如何運用奇門遁甲看手機號，快速了解一個人的性格與運勢，主要分為兩個步驟：

1 取手機號後六碼，轉換成奇門單宮。

2 接著，根據造宮法所造出來的奇門單宮，解讀其中的符號含義，便可初步了解號碼持有者的個性及運勢。

首先要先理解的是，一個「奇門單宮」總共包含了「**宮、神、星、門、干**」五大類，共六個符號，分別是：

❶宮位

❷八神

❸九星

❹八門

❺天盤天干

❻地盤天干

這個符號，如果從人的角度來判讀（前一堂課是從斷一件「事」的角度來看，此處是從看一個「人」的角度來看），意思就是：

＊從符號去了解這是一個什麼樣的人？

＊對此人的運勢有怎樣的影響？

從這兩方面來定義符號的含義時，分別代表了下列主要特性：

❶兌 7	
❷九天	
❸天篷	❺己
❹休門	❻壬

圖 25：奇門單宮中，包含了 6 個符號。

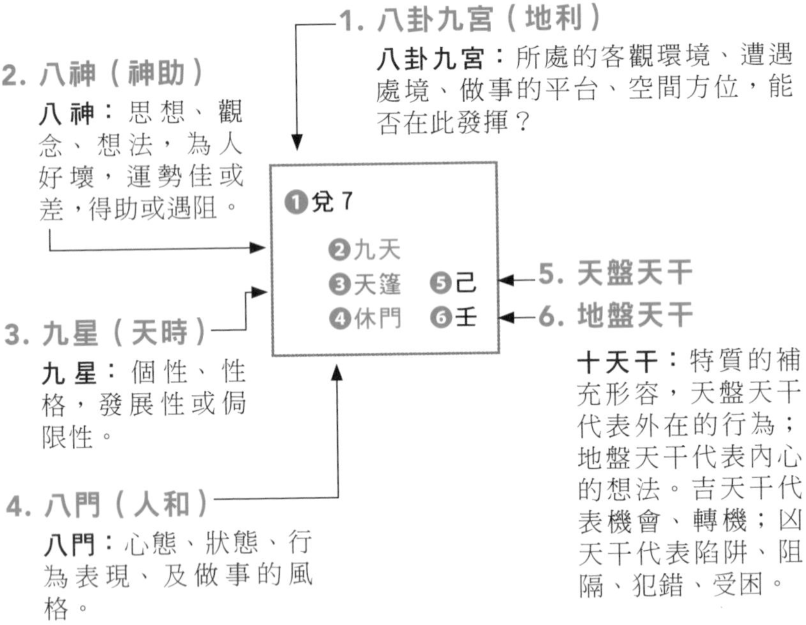
1. 八卦九宮（地利）
八卦九宮：所處的客觀環境、遭遇處境、做事的平台、空間方位，能否在此發揮？
2. 八神（神助）
八神：思想、觀念、想法，為人好壞，運勢佳或差，得助或遇阻。
❶兌 7
❷九天
❸天篷
❹休門
❺己
❻壬
5. 天盤天干
6. 地盤天干
3. 九星（天時）
九星：個性、性格，發展性或侷限性。
十天干：特質的補充形容，天盤天干代表外在的行為；地盤天干代表內心的想法。吉天干代表機會、轉機；凶天干代表陷阱、阻隔、犯錯、受困。
4. 八門（人和）
八門：心態、狀態、行為表現、及做事的風格。

圖 26：奇門單宮中五大類符號的含義。

❶ 宮位

號碼持有者所處的客觀環境、遭遇處境、做事的平台、空間方位，能否在此發揮？

❷ 八神

號碼持有者的思想、觀念、想法。吉神思想正面、陽光、偏向為好人；凶神思想負面、偏差、偏向為壞人。吉神運勢較好，做事有貴人幫，常有貴人相助，是一種助力；凶神運勢較差，做事常遇小人，扯後腿，或遇災事，是一種阻力。

❸ 九星

號碼持有者的個性、性格，類似西方的星座，是什麼樣的九星，代表有什麼樣的個性。吉星運勢發展較好，有發展性；凶星運勢發展較差，發展受限。

❹ 八門

號碼持有者的心態、狀態、行為表現、及做事的風格。吉門做事態度積極、心態佳、狀況好、順利；凶門做事態度消極、冒失偏激，心態不平衡、狀況不好、不順利、易出差錯。

❺ 天盤天干

號碼持有者的特質補充形容，代表外在的行為。吉天干也代表機會、希望、光明、轉機；凶天干代表陷阱、阻隔、犯錯、受困、難纏。

❻ 地盤天干

號碼持有者的特質補充形容，代表內心的想法。吉天干代表機會、希望、光明、轉機；凶天干代表陷阱、阻隔、犯錯、受困、難纏。

那我們要如何將手機號轉換成一個奇門單宮？只要取手機號碼的「後六碼」，照順序一一對應奇門單宮裡的六個符號，就能將手機號轉換一個奇門單宮了！

舉例來說，如果有支手機號碼是09XX－377287，那麼前四碼忽略不計，直取後六位數，每個位數剛好就代表一個奇門單宮裡的一個符號。

手機倒數末 6 碼				6th	5th	4th	3rd	2nd	1st
0	9	X	X	3	7	7	2	8	7
不計	不計	不計	不計	宮	神	星	門	天盤干	地盤干

圖 27：手機號末 6 碼依序對應奇門單宮內符號。

然後再依**宮**、**神**、**星**、**門**、**天盤干**、**地盤干**（天、地盤的天干屬於同一類別，都是天干，所以手機號最後二碼，皆直接查下表最後一列即可）所對應的數字查以下的「**手機號碼造宮對照表**」，就可知道宮位的是哪一宮？八神是哪一個神？九星是哪一個星？八門是哪一個門？而天盤干及地盤干又是分別對應哪一個天干了？

	1	2	3	4	5	6	7	8	9	0	進制
宮（九）	坎（水）	坤（土）	震（木）	巽（木）	坤（寄）	乾（金）	兌（金）	艮（土）	離（火）	宮空亡	九進制
神（八）	值符	螣蛇	太陰	六合	白虎	玄武	九地	九天	值符	神空亡	八進制
星（九）	天蓬	天芮	天沖	天輔	天禽	天心	天柱	天任	天英	星空亡	九進制
門（八）	休門	死門	傷門	杜門	死門（寄）	開門	驚門	生門	景門	門空亡	九進制
干（十）	甲（戊）	乙	丙	丁	戊	己	庚	辛	壬	癸	十進制

表格中紅色符號為吉，黑色符號為不吉，綠色符號為大凶。

圖 28：手機號碼造宮對照表。

1. 找宮位：

手機號倒數第六碼設定為「宮位」，號碼為 3，查下表「宮（九）」那一列，對應數字「3」那一欄，可知宮位對應的是「震 3 宮」。

	1	2	3	4	5	6	7	8	9	0	進制
宮（九）	坎（水）	坤（土）	震（木）	巽（木）	坤（寄）	乾（金）	兌（金）	艮（土）	離（火）	宮空亡	九進制
神（八）	值符	螣蛇	太陰	六合	白虎	玄武	九地	九天	值符	神空亡	八進制
星（九）	天蓬	天芮	天沖	天輔	天禽	天心	天柱	天任	天英	星空亡	九進制
門（八）	休門	死門	傷門	杜門	死門（寄）	開門	驚門	生門	景門	門空亡	九進制
干（十）	甲（戊）	乙	丙	丁	戊	己	庚	辛	壬	癸	十進制

表格中紅色符號為吉，黑色符號為不吉，綠色符號為大凶。

圖 29：倒數第六碼為宮位，號碼 3 對應為「震 3 宮」。

2. 找八神：

手機號倒數第五碼設定為「八神」，號碼為 7，查下表「神（八）」那一列，對應數字「7」那一欄，得知八神對應的是「九地」。

	1	2	3	4	5	6	7	8	9	0	進制
宮（九）	坎（水）	坤（土）	震（木）	巽（木）	坤（寄）	乾（金）	兌（金）	艮（土）	離（火）	宮空亡	九進制
神（八）	值符	螣蛇	太陰	六合	白虎	玄武	九地	九天	值符	神空亡	八進制
星（九）	天蓬	天芮	天沖	天輔	天禽	天心	天柱	天任	天英	星空亡	九進制
門（八）	休門	死門	傷門	杜門	死門（寄）	開門	驚門	生門	景門	門空亡	九進制
干（十）	甲（戊）	乙	丙	丁	戊	己	庚	辛	壬	癸	十進制

表格中紅色符號為吉，黑色符號為不吉，綠色符號為大凶。

圖 30：倒數第五碼為八神，號碼 7 對應為「九地」。

3. 找九星：

手機號倒數第四碼設定為「九星」，號碼為 7，查下表「星（九）」那一列，對應數字「7」那一欄，得知九星對應的是「天柱」。

	1	2	3	4	5	6	7	8	9	0	進制
宮（九）	坎（水）	坤（土）	震（木）	巽（木）	坤（寄）	乾（金）	兌（金）	艮（土）	離（火）	宮空亡	九進制
神（八）	值符	螣蛇	太陰	六合	白虎	玄武	九地	九天	值符	神空亡	八進制
星（九）	天蓬	天芮	天沖	天輔	天禽	天心	天柱	天任	天英	星空亡	九進制
門（八）	休門	死門	傷門	杜門	死門（寄）	開門	驚門	生門	景門	門空亡	九進制
干（十）	甲（戊）	乙	丙	丁	戊	己	庚	辛	壬	癸	十進制

表格中紅色符號為吉，黑色符號為不吉，綠色符號為大凶。

圖 31：倒數第四碼為九星，號碼 7 對應為「天柱」。

4. 找八門：

手機號倒數第三碼設定為「八門」，號碼為 2，查下表「門（八）」那一列，對應數字「2」那一欄，得知八門對應的是「死門」。

	1	2	3	4	5	6	7	8	9	0	進制
宮（九）	坎（水）	坤（土）	震（木）	巽（木）	坤（寄）	乾（金）	兌（金）	艮（土）	離（火）	宮空亡	九進制
神（八）	值符	螣蛇	太陰	六合	白虎	玄武	九地	九天	值符	神空亡	八進制
星（九）	天蓬	天芮	天沖	天輔	天禽	天心	天柱	天任	天英	星空亡	九進制
門（八）	休門	死門	傷門	杜門	死門（寄）	開門	驚門	生門	景門	門空亡	九進制
干（十）	甲（戊）	乙	丙	丁	戊	己	庚	辛	壬	癸	十進制

表格中紅色符號為吉，黑色符號為不吉，綠色符號為大凶。

圖 32：倒數第三碼為八門，號碼 2 對應為「死門」。

5. 找天盤天干：

手機號倒數第二碼設定為「天盤天干」，號碼為 8，查下表「干（十）」那一列，對應數字「8」那一欄，得知天盤天干對應的是「辛」。

	1	2	3	4	5	6	7	8	9	0	進制
宮（九）	坎（水）	坤（土）	震（木）	巽（木）	坤（寄）	乾（金）	兌（金）	艮（土）	離（火）	宮空亡	九進制
神（八）	值符	螣蛇	太陰	六合	白虎	玄武	九地	九天	值符	神空亡	八進制
星（九）	天蓬	天芮	天沖	天輔	天禽	天心	天柱	天任	天英	星空亡	九進制
門（八）	休門	死門	傷門	杜門	死門（寄）	開門	驚門	生門	景門	門空亡	九進制
干（十）	甲（戊）	乙	丙	丁	戊	己	庚	辛	壬	癸	十進制

表格中紅色符號為吉，黑色符號為不吉，綠色符號為大凶。

圖 33：倒數第二碼為天盤干，號碼 8 對應為「辛」。

6. 找地盤天干：

手機號倒數第一碼，也就是最後一碼，設定為「地盤天干」，號碼為 7，也是天干，所以跟前一碼一樣，查下表最後「干（十）」那一列，對應數字「7」那一欄，得知地盤天干對應的是「庚」。

	1	2	3	4	5	6	7	8	9	0	進制
宮（九）	坎（水）	坤（土）	震（木）	巽（木）	坤（寄）	乾（金）	兌（金）	艮（土）	離（火）	宮空亡	九進制
神（八）	值符	螣蛇	太陰	六合	白虎	玄武	九地	九天	值符	神空亡	八進制
星（九）	天蓬	天芮	天沖	天輔	天禽	天心	天柱	天任	天英	星空亡	九進制
門（八）	休門	死門	傷門	杜門	死門（寄）	開門	驚門	生門	景門	門空亡	九進制
干（十）	甲（戊）	乙	丙	丁	戊	己	庚	辛	壬	癸	十進制

表格中紅色符號為吉，黑色符號為不吉，綠色符號為大凶。

圖 34：最後一碼為地盤干，號碼 7 對應為「庚」。

因此，我們得到的奇門符號有：

宮位：震3宮

八神：九地

九星：天柱星

八門：死門

天盤干：辛

地盤干：庚

再更進一步，轉換成平常我們在奇門式盤上會看到的宮位形式，就會如圖35。

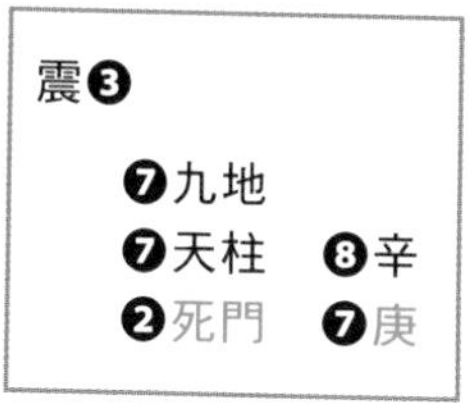

圖35：手機號造奇門單宮完成圖。

就這樣，便可將一串手機號轉換成奇門符號，造出一個對應此手機號的奇門宮位了。讀者只要根據「圖28：手機號碼造宮對照表」，並依手機號的末6碼一一對應**宮**、**神**、**星**、**門**、**干**（干有兩個，要對兩次），就可以造出奇門單宮，多練習幾次就上手了，就這麼簡單，用手機號透視他人個性一點都不難！

第三節 手機號的0代表何意？

相信諸位讀者在嘗試幾次不同的手機號碼轉換成奇門宮位後，一定很快就上手了！但可能還會碰到一個狀況，就是查表所利用的是數字0到9，手機號碼末六碼中有0時，若是在最後二碼，選擇上不會碰到這個問題，逢0只要選擇第十個天干「癸」即可。然而其餘的奇門符號都不滿十個，例如宮位只有九個、八神只有八個可以選，如果這些位置碰到0，該怎麼辦才好啊？

	1	2	3	4	5	6	7	8	9	0
宮（九）	坎（水）	坤（土）	震（木）	巽（木）	坤（寄）	乾（金）	兌（金）	艮（土）	離（火）	宮空亡
神（八）	值符	螣蛇	太陰	六合	白虎	玄武	九地	九天	值符	神空亡
星（九）	天蓬	天芮	天沖	天輔	天禽	天心	天柱	天任	天英	星空亡
門（八）	休門	死門	傷門	杜門	死門（寄）	開門	驚門	生門	景門	門空亡
干（十）	甲（戊）	乙	丙	丁	戊	己	庚	辛	壬	癸

圖 36：當手機號碼出現 0 時。

「0」是個特殊數字，我們可以看到上圖 36「手機號碼造宮對照表」的最後一欄，除了天干欄位之外，都表示為「空亡」。

「空亡」主要的含義有下列幾項：

＊顧名思義，空亡就是空了、沒了，做事付出多、回收少，多勞少獲，往往白忙一場。做事沒人幫、較無貴人，得靠自己，不免辛勞。

性格上較無主見，也可說沒有限制、固定的模式。

＊0 也代表「靈」，就是靈感直覺，對從事身心靈、東西方玄學、或作家搞創意的人，有助於直覺靈感的發揮。

＊奇門符號皆帶有能量，空亡也代表「有缺」，某一個對應符號如宮、神、星、門為「0」，則代表「缺」那方面的能量，得不到該對應符

號能量的幫助；反之，若符號屬凶，當然也就比較不受該符號負面能量的影響了。

宮、神、星、門碰到「空亡o」的時候，分別代表下列的描述狀況：

＊手機號倒數第六位為「0」，表示「宮位」空亡。宮位為做事的平台，也等於身處的客觀環境，宮位逢空亡，代表做事缺乏資源，能力難以發揮，或欠缺可以發揮表現的平台、媒介，使不上力、懷才不遇，比人家付出多、回收少、多勞少獲。

再好的演員（神、星、門、干，等於能力）也要有一個好的劇本和舞台才能表現，而「宮位空亡」就是缺乏舞台，沒有好的舞台可以發揮表現。

＊手機號倒數第五位為「0」，表示「神」空亡。八神代表人的思想觀念，「神」逢空亡，代表想法上較沒主見，「神」也代表神助、貴人，逢空亡，做事沒人幫、較無貴人，或沒祖蔭，一切得靠自己，白手起家。

＊手機號倒數第四位為「0」，表示「星」空亡。九星代表人的個性、性格，「星」逢空亡，性格上較沒主見；「星」也代表發展，逢空亡，做事較無大的發展性，或是沒發展、或時機不對。

＊手機號倒數第三位為「0」，表示「門」空亡。八門代表人的心態或行動，「門」逢空亡，做事時心態或行動上較不積極，往往沒有、或找不到正確的做事方法或途徑，辦事常徒勞無功。

到這為止，造宮法的步驟以及常遇到讓人頭疼的特例情況，已然全數含括。

第四節 手機號案例說明

接下來，讓我們用這串手機號碼09XX—3772287為例，看看如何將手機號轉化為一個奇門單宮，並快速了解一個人的性格、運勢及做事態度！

想快速解讀奇門單宮，用以了解一個人的個性及做事風格，最簡單又直接的方法就是「取象直讀」，直接解讀奇門單宮裡「宮、神、星、門、干」每一個奇門符號的含義。

由神、星、門、干，快速看一個人的特質

	1	2	3	4	5	6	7	8	9	0	進制
宮 （九）	坎 （水）	坤 （土）	震 （木）	巽 （木）	坤 （寄）	乾 （金）	兌 （金）	艮 （土）	離 （火）	宮空亡	九進制
平台 環境	艱難 受困 深陷	牽扯拖拉 進展緩慢	開創 奮鬥	徘徊不定 沒有方向	牽扯拖拉 進展緩慢	積極主動 居高臨下	社交 口舌 是非	阻隔 停止不前	光明前景 由盛轉衰	辛勞 無收穫 無力	
神 （八）	值符 （土）	螣蛇 （火）	太陰 （金）	六合 （木）	白虎 （金）	玄武 （水）	九地 （土）	九天 （金）	值符 （土）	神空亡	八進制
人格	主見強 喜掌控	聰明圓滑 變來變去 三心二意	心思細膩 想得多	有親和力 人緣佳	威嚴強勢 脾氣硬 不服輸	暗中行事 聰明	低調 保守 固執	好動 高調 志高	主見強 喜掌控	心裡沒底 沒主見 靈感直覺	
星 （九）	天蓬 （水）	天芮 （土）	天沖 （木）	天輔 （木）	天禽 （土）	天心 （金）	天柱 （金）	天任 （土）	天英 （火）	星空亡	九進制
個性	膽大敢拚 不顧後果	保守固執 不易變通	行動力強 冒失	斯文文雅 善關懷	保守 尊貴	聰明 核心人物	口才佳 唱反調 不服輸	有責任感 勤奮可靠 保守固執	個性急 有才華	心裡沒底 沒主見 靈感直覺	
門 （八）	休門 （水）	死門 （土）	傷門 （木）	杜門 （木）	死門 （寄）	開門 （金）	驚門 （金）	生門 （土）	景門 （火）	門空亡	九進制
行動	輕鬆和諧 不積極	保守固執 死氣沉沉	積極主動 冒失	話少 保守 事藏心裡	保守固執 死氣沉沉	樂觀開朗 積極進取	口才佳 易擔心 口舌官司	生龍活虎 活躍	喜展現 有願景 或空想	多勞少穫 使不上力 沒有方法	
干 （十）	甲 （戊）	乙 （木）	丙 （火）	丁 （火）	戊 （土）	己 （土）	庚 （金）	辛 （金）	壬 （水）	癸（水）	十進制
天：外表 地：內心	主見強 喜掌控	柔順依賴 猶豫軟弱	熱情付出 沒耐性 易出亂子	溫柔和順 體貼	忠厚可靠 不易變通	想法多 點子多 花花腸子	威嚴 強硬 不服輸	創新改革 虛榮自我	聰明 任性 迷惘	不能自主 多愁善感 想不開	

表格中紅色符號為吉，黑色符號為不吉，綠色符號為大凶。

圖 37：奇門符號含義表（論人）。

解讀手機號之重點一

❶手機號碼倒數第五碼為7，八神為「九地」。神，代表號碼持有者的思想、觀念、想法。九地五行屬土，對應坤卦，坤、土皆象徵大地，古人講天動地不動，九地雖穩、可靠，但未免思想觀念較為保守、不易變通、內心多煩惱鬱悶。

❷手機號碼倒數第四碼為7，九星為「天柱」。星，代表號碼持有者的個性、性格。天柱星五行屬金，對應兌卦，五行金，如刀鋒，有破壞性，且金屬的特性是堅硬的，在人為脾氣硬、個性硬、不服輸、具有叛逆性；兌卦主口，代表口舌、事非，所以天柱星的人，口才好，能說善道，但也常常得理不饒人，與人唱反調，易有口舌事非。

❸手機號碼倒數第三碼為2，八門為「死門」。門，代表號碼持有者的心態、狀態、行為表現及做事的風格。死門五行也屬土，對應坤卦，死門顧名思義，個性固執、不易變通，性格也比較悲觀，行動保守，光想不行動。

❹手機號碼末二碼為8及7，皆代表天干，分別為辛＋庚。

辛和庚五行皆屬金，辛為陰金，庚為陽金。五行金的特性如刀鋒，有破壞性，且金屬的特性是堅硬的，在人為脾氣硬、個性硬、不服輸、具有叛逆性。天盤干為辛，代表外在的行為，辛基本上喜歡走自己的路、與眾不同，又加上脾氣硬、個性硬、不服輸，外人看來似乎很叛逆，不聽勸易犯錯誤，但若是走出來了、成功了，便是創新革命，像許多科技的創新發明，不也是往往要犯過很多錯、失敗很多次，最後才能成功嗎？庚的五行屬陽金，似白虎，個性凶猛強硬，所以不怕人、不服輸，往往跟你對著幹，易引起衝突周爭鬥和暴力。

❺以上五個奇門符號：九地＋天柱＋死門＋辛＋庚，全部反應在手機號碼倒數第六碼「3」的宮位中，因此屬於震3宮。

震宮，古稱「官祿宮」，在大自然象徵中，震卦代表「打雷」，震為雷，有震起、奮發、向上、雷霆萬鈞之勢，象徵在工作上的動力及表現。所以把這些符號的含義串連起來，就可知道此人在為人做事上比較保守固執、堅持自己的意見（因為土多，九地、死門五行皆屬土），叛逆不服輸，易與人發生衝突、惹口舌事非（天柱、辛、庚五行皆屬金），尤其是反應在工作處事上的特性。

上面的手機號碼解讀，只是奇門讀象（符號）基礎的一般應用，進階高端的應用，可將一個手機號化為奇門單宮，分析出一個人的個性、能力、事業、財運、身體健康、住家環境、婚姻感情、兒女、與父母的關係，還有大運、流年等等，比八字簡單，但卻可以如八字一般讀出那麼多訊息！

解讀手機號之重點二

再以09XX－483890為例，首先同樣將此手機號化為奇門的單宮：

號碼		1	2	3	4	5	6	7	8	9	0	進制
4	宮（九）	坎（水）	坤（土）	震（木）	巽（木）	坤（寄）	乾（金）	兌（金）	艮（土）	離（火）	宮空亡	九進制
8	神（八）	值符	騰蛇	太陰	六合	白虎	玄武	九地	九天	值符	神空亡	八進制
3	星（九）	天蓬	天芮	天沖	天輔	天禽	天心	天柱	天任	天英	星空亡	九進制
8	門（八）	休門	死門	傷門	杜門	死門（寄）	開門	驚門	生門	景門	門空亡	九進制
9、0	干（十）	甲（戊）	乙	丙	丁	戊	己	庚	辛	壬	癸	十進制

手機倒數末6碼				6th	5th	4th	3rd	2nd	1st
0	9	X	X	4	8	3	8	9	0
不計	不計	不計	不計	宮	神	星	門	天盤干	地盤干

圖38：將09XX－483890化為奇門單宮。

再進一步分析手機號：

1個性：個性好動、心高氣傲，有正義感、做事講求效率、行動力十足，但性急易怒、容易衝動。

2工作：工作屬於動中求財，為老闆、為工作辛苦付出、奔波勞累，與同事不睦、同事常扯後腿，下屬難搞，與自己唱反調。

3住家環境：家住高樓，門前有大樹，附近車水馬龍、人潮多。

4健康：腿有毛病，腸胃不好。

5婚姻：婚姻不順，夫妻不合，老婆個性衝動，在家老婆說了算，老婆掌權。

6兒女關係：小孩跟媽媽關係比較好，跟爸爸不親、不聽爸爸的話。

7父母關係：對父母付出、孝順，但父母對媳婦嚴苛。

8兄弟關係：兄弟感情不佳。

9大運流年：二〇一〇年與朋友有金錢糾紛，自那年起財運一直不好，直到二〇一四年才有起色。

更直白地說，此人曾離過婚，有過兩次失敗的婚姻，生的是女兒，女兒跟的是媽媽，父亡母健在。

第五節 看手機號時應有的正確觀念

我在教授奇門遁甲課程時，常常對學員們耳提面命，千叮嚀、萬交代，最怕學員有不正確的觀念，把預測占卜、算命、或風水所推測出來的結果「當成必然」，甚或認為預測的事件未來百分之一百會照這樣發生、依預料演變，認為這個人一定是這種人，這件事一定會這樣發生，形成一種命定的、或宿命的觀念。

有些人數術工具學多了、使用久了，反而成為一種限制。尤其人性易擔心、容易害怕，對未知的事物又特別容易產生恐懼與負面的聯想，結果學得越多、知道越多，反而將提醒的訊息當作暗示，無形中變成對未來的一種詛咒。

其實大可不必如此！

過去是定數，未來是變數！未來可以創造，端看現在怎麼做！

這句話不僅「對事」也「對人」。天地人，時空之中還有人的力量，人的努力和力量是有機會改變未來、創造未來的！人之所以生而為人，就是來這世界「體驗」與「創造」的，雖然未來的人生有一定的藍圖，未來的路上安排了許多的人事物，但這張藍圖怎麼用，這麼多條路該怎麼走，還是看自己！

過去是定數，未來是變數！任何用來預測未來的工具，再怎麼厲害，都不能百分之一百預測未來的結果，只能盡量逼近實相，只是一種可能性，不是絕對的！包括看手機號，也只能反應其人的一部分或某方面的人格特質、個性。例如，一支手機號用於工作，則此手機號可能傾向於反應他工作時的態度、做事方法；而另一支手機號用於私人朋友或家人的連絡，則此手機號可能較反應出私人社交相處的模式或態度。

因此要再三提醒各位的是：

＊ 數字和符號只能代表部分，並非全部。

不管是分析手機號、房子的風水、姓名等等，皆為後天，每個數字和符號（姓名也是符號的一種），都只是反應、或影響一個人的一部分觀念，想法，行為、甚至運程，並不代表一個人的全部。若是在解讀時僅僅以死背硬套的方式，強加於被解讀者的身上，那便很容易以偏概全，失之毫釐，差之千里。

＊符號無吉凶，看人怎麼用。

手機號碼代表的奇門符號雖有偏正能量或偏負能量的傾向，但端看你如何看待運用，以發揮其正面的力量。**符號無吉凶，看人怎麼用**。在道家的觀念中，萬事萬物無吉凶，因為吉凶由人心所定！你所貪愛的、你喜歡的（貪），得到或遇到了稱為吉；你所討厭的、你不喜歡的（嗔），碰到或遇到了稱為凶；而不知是吉是凶、喜歡或不喜歡的、吉的當凶、或凶的反當吉看，稱為迷惘（癡）。

符號、工具、人事物，其實本質上無一定的吉凶，吉凶看人怎麼看、怎麼用。例如「白虎」在事件中被解釋為凶猛、凶災、遇凶險，但在人的解讀角度上，白虎也代表威嚴有魄力、個性剛硬強硬，所以在面對險阻、難關、沉重的壓力，或凶惡之徒時，反而得有白虎一樣的精神毅力，才能硬頸堅忍、不畏艱難，挺得過，撐得住，大破才能大立！

所以，符號是吉是凶，必須依不同情況而定。人是很複雜、很多面的，符號的特性表現在哪？是吉是凶？其實並非固定，只能說出現某符號時，會呈現某符號所具備的特質較為強烈而已。

＊勿貼標籤，勿落入二元成見。

既然符號無吉凶，當然也別只憑一個手機號，馬上就對一個人下結論，尤其是粗糙二元的成見：這是一個好人、或這是一個壞人。看手機號千萬不要一槌定音，不要太快下結論，落入成見，給人貼標籤，對一個人造成既定的刻板印象，甚或造成偏見。

手機號就好比一個人的穿著，雖然一個人的穿著可以反映出這個人的品味、個人的喜好、社會身分等等，但千萬別光憑一個人的外表穿著就評斷一個人有錢沒錢，影響你對他的態度或評價。

藉由手機號跟衣著來提取一個人的訊息，所得出的初步訊息只是一種可能性而已，並非絕對的！Don't jump to conclusions so fast! 不要太快下結論！還要聽其言、觀其行，日後比對佐證才較為客觀。這只是一種對人初步的假設判斷，做為與人交往時的參考依據而已，千萬別落入成見，給人貼標籤，若是因此看走了眼，失去了機會貴人，或得罪了人，豈不是太得不償失？

光憑手機號或奇門盤的符號，而脫離了與人、與實際情況的觀察與互動，判斷失誤的風險絕對不小！因此，論人斷事，必須察究盤外的現實情況，觀其言行，再輔以奇門之法，從不同角度觀察，帶著同理心，包容理解地探究人事，漸漸達到人物我合一的境界，此時才能真正發揮奇門數術的威力，參透更多人生的奧祕！

第六節 手機號造單宮案例

case1 看男友手機號碼來判斷兩人今年可能結婚嗎？

某天，一個女學員拿著男友的手機號請我幫忙解讀，主要是問今年能結婚否？因男友已求婚，但心裡仍不踏實，雖然兩人已遠距戀愛交往了三、四年，但總覺得看不太懂男友？

男友的號碼末6碼為948284，依照造宮符號順序查表後，可以得到如圖39的宮位圖。

離 9	
六合	
天任	辛
死門	丁

圖 39：手機末6碼為948284。

這位學生看來十分迷惘，因是自己的學生，結婚又是一輩子的事，必須慎重，所以我也就直言不諱了。

學員問的是感情發展，其中象徵婚戀感情的符號「六合」逢綠色大凶符號「死門」，因此筆者直斷此號碼持有者今年結婚恐不能如願（庚子年，離宮恰為應期），兩人感情恐會陷入僵局、停滯，甚至結束（六合＋死門）。

此外，這個號碼造出的宮位為「離9宮」，「離」也主分離。當事人詢問的主題是感情，兩人之事，卻碰到「分離」含義的符號，自然也屬不利感情了。

天盤干為「辛」，為錯誤，如同某動作巨星曾說過「犯了全天下男人都會犯的錯」（這把全天下男人都拖下水了），而犯錯的原因是什麼呢？地盤干為「丁」，「丁」為機會、希望、光明，尤指女性情人，論感情時，還有別的女人的機會，豈不就成了犯桃花、感情不忠、劈腿了嗎？

怎知學生一聽之後，驟然潸然淚下，啜泣不止，哭訴著說，其實與男友（手機號持有者）論及婚嫁，本來今年預定要舉行婚宴的，誰知道拿他的手機一看，赫然發現男友不忠，到處沾惹女人、劈腿的事實，只好忍痛分開！雖一時心痛，但日後回想起來，說不定反而慶幸躲過了一場災難，不是嗎？男怕入錯行，女怕嫁錯郎，遇到大渣男！

case2

若有新舊兩支手機號，該用哪支手機號來看？

如同本章開宗明義提到的，第一種可能，你的個人物品如手機號，是被你的震動所吸引而來，所以當你改變震動後，能量或狀態改變了，你將可能有一段賣東西、換東西、掉東西、或購買新東西的時候，當然也可能換手機號，因為新的手機號會相應你新的狀態；當然，第二種可能，你換了新的手機號後，這手機號將會影響你的震動或能量，進而改變你的狀態或運勢，這就好比姓名學的改名字。

所以舊的手機號將反應你過去的狀態，而新的手機號使用一段時間後，將慢慢與你個人狀態的訊息同步。

我的一位學員曾換過手機門號，正巧他那時學了手機號造宮法，可以對應當事人的實際狀況，驗證新舊號碼之間是否可以看出差異。

該學員的舊號碼末6碼為223498，造宮後得出如下圖的宮位符號：

坤 2

騰蛇
天沖　壬
杜門　辛

圖 40：手機末6碼為223498。

我在學習群裡詢問該位學生，在持有此手機號的時候，是否各方面都有不穩定的感覺？感到事事不順、運勢受阻，感覺付出多、回收少，多勞少獲？

學生回想之後，確實持有該門號時收入不穩定、工作變動大，而且身體狀況不佳。

這是因為此號碼的宮內有八神「騰蛇」，蛇會變化，「騰蛇」主「反反覆覆、變化、不穩定」；「杜門」為「堵塞」，運勢遇堵、不順。

這時再追問，是否身體的主要不適症狀集中在腹腔、腸胃（坤宮在身體中可代表腹部、腸胃），該位學生連連稱是。

而現在換了新的門號，號碼末6碼為255726，造宮後的宮位符號是：

坤 2

白虎
天芮　乙
驚門　己

圖 41：手機末 6 碼為 255726。

一見此號，直斷該學員腸胃的問題改善不大，因其宮位仍屬「坤宮」，且病星「天芮」在宮位裡，因此腸胃不適依舊纏身。

然而新號碼中，固然做事可能常犯小人、被扯後腿（白虎），但宮位內有「乙」天干，有貴人相助，或有轉機，與前一個號碼整體相較之下雖略有改善，但還是不盡理想，且這可能也正反應手機號持有人的個性強勢、不服輸，易與人起口角，引起口舌是非（驚門）。

該位學員回饋說，換了新門號之後確實身體腸胃不適依舊，雖然工作及收入稍有提升，但整體而言差強人意，而且好像感覺脾氣變差了。

case3 從手機號論斷工作類別、適性行業。

某學員因舊的電信服務商訊號不佳，決定更換服務商的同時選用新門號。此時正學到九宮奇門的手機號造宮法，趁著熱騰騰的新門號剛到手，決定試著斷一斷，探討新門號對於使用者的影響。

該學員的新門號為968441，查表造宮後，得到的是：

離 9	
玄武	
天任	丁
杜門	戊

圖42：手機末6碼為968441。

該學員透露他仍然在學，並同步求職中。我一見此門號所造之宮，便向學員詢問：「符號看來是關起門搞研究的，所以你是研究單位出身？」

學生聽了大吃一驚，直呼不可思議！因為他一直都在學術單位做各個產業的新科技應用策略分析，主攻市場跟產品研發科研，目前任職於某台灣最高學府的科研人員。

這是如何判斷出來的呢？首先，「杜門」為堵，堵就是關在密閉空間與外界隔離，有主動跟被動的，也衍生出象徵關在房間或研究室裡做研究，代表寫程式、擁有專業知識、技術、或有一技之長的專業人士，例如電腦程式設計師、研究人員、技師、會計師、建築師、醫師……等等，針對特定技術跟知識鑽研者；此外「丁」天干的「丁奇」，也表知識技術。

同時，「離宮」為所有九宮之中的最高宮位，在離宮，有高的意思，通常學歷高、技術高、職位高、社經地位高、心態高、運勢正處在高點；離宮火，五行火又代表功名、學歷，名聲，所以，門號持有者應當是高學歷、技術高深的研究人員。

除了職業身分之外，又臨「天任星」，天任星的關鍵字「任」代表責任、負責任，手機持有者必定責任心重，認真、負責，可以想見「天任＋杜門」這種人肯定耐操、好用，而且咬牙不吭聲（杜門，堵，有事放心裡）。對老闆而言必然是個好員工，然而對當事人來說難免有點辛苦，天任星責任感重，必定勞累，沉重、壓力大、閒不住，沒事也會找事做。

此門號持有者適合做幕僚人員，不適合業務銷售，畢竟「天任＋杜門」會做事，而且是悶著頭做事，在職涯路線選擇上可考慮自己的適性職業。

以上論斷，當事人聽了連連點頭，讚嘆不已。

我鼓勵他可以多多投入「奇門遁甲」的學習，因為號碼中的「八神」臨「玄武」，恰好為玄學的含義；而「離宮＋丁」，五行屬火表示科甲功名，也主學習；「杜門」表現專業知識或技術，一技之長；有「玄武」玄學，難怪搞科研的會跑來學習奇門遁甲。因此，該學生的學習能力強，可以多多研究玄學，必有所成，甚至可以變成另一個斜槓事業，或是多添個謀生的技能。

該位學生聽完之後哈哈大笑，原來更換此新門號之時，恰巧興起對玄學的興趣，在初步接觸之後，選擇了我的奇門課程參加。什麼人養什麼狗，什麼人選到什麼手機號，同頻共振，半點不欺人！

人生即將遇到的路線、運勢變化，也在看似簡單的手機門號中，一覽無遺。

case4

如何運用手機號找到成長機會點？

一日，在公益交流群上的一位網友留下了自己的門號末6碼，想請我來斷一斷。為了示範如何以九宮奇門造宮法斷事論人，我就以這支手機號為例，給了幾條斷語。

該號碼末6位為143705。

坎 1	
六合	
天沖	癸
驚門	戊

圖 43：手機末 6 碼為 143705。

筆者直斷，此人行動力強，做起事來雷厲風行（天沖星，衝勁強、行動力強），口才好（驚門＋六合皆有口說之意）。

然而同樣的符號組合，有正面的意義，也有負面的意義。天沖星、驚門，一方面代表行動力強，另一方面分別代表了衝動（天沖星）與口舌（驚門，口舌是非），說話很衝、不中聽、喜歡唱反調，容易引起紛爭。

而「八神」的「六合」也代表婚戀感情。

「合」最怕遇到「沖」，想和睦、想合在一起的最怕沖，因為沖代表衝突，「沖」可以把「合」沖散、沖開、沖走、沖離。驚門又代表吵架、爭辯、口舌，因此「天沖＋驚門」的組合，實不利於「六合」象徵的感情、婚姻、家庭。在兩人的相處之中，往往充滿了衝突、爭吵、口舌，令人不快，家庭又怎能和睦呢（六合）？時間久了自然分開、分散、分離、想走人了！又落「坎宮」，坎卦為水，其意為「陷」，即身陷在其中無法自拔、受困、進退維谷、坎坷、艱難。

因此將上面的意義組合起來，便是此門號持有者在工作上行動力強、口才好（天沖＋驚門）、工作表現好；然而家庭生活卻遇到障礙、身陷困境（六合＋坎）；職場上的強勢個性，放在婚姻家庭中卻是是一種破壞力。行事衝動、家中大小事不吐不快（天沖＋驚門），最後難免落入衝突爭執、左右為難的境地。

持有此號碼的網友也幽幽回覆：「這也能看得出來，佩服佩服……」

學會手機號造宮法，等於多一項工具剖析自己的現況和個性優缺點。若以比較正面的態度看待，應將它看成是一種上天的提示，是一個機會點，是提示我們哪些地方可以修正得更好的成長機會。畢竟你若不站在鏡子前，又怎能發現自己的臉髒？

此個門號持有者的課題，就是妥善處理人際關係，學著事緩則圓。從手機門號分析中看到了問題點，再一步步的反省修正，必然能有好的結果。

case5

從手機號判斷是否容易招惹口舌是非或爛桃花。

一位公益群裡的學員以手機號造宮法分析親友的門號，獲得相當精彩的回饋。

該號碼末6位為968788。

離 9		
	玄武	
	天任	辛
	驚門	辛

圖 44：手機末 6 碼為 968788。

該學員為門號持有者的分析是：「你可能對未來有些茫然（玄武＝昏暗看不清方向）；桃花不少（離宮也主桃花＋玄武），不過既然你已婚，那麼這些就都是爛桃花囉！

做事有創新的精神，但是追求創新的路上並不是很順利，常常遇到小阻礙，或是被扯後腿（辛為創新改革，也表犯錯）。

個性略為固執、叛逆不服輸（辛＋辛＋天任，天任五行屬土，有固執、不易變通之意）；而且因為口才不錯（驚門），常得理不饒人（辛＋辛＋驚門），這樣也容易陷入口舌意氣之爭，嚴重時甚至可能招惹官司（驚門主口舌官司＋玄武為犯小人）。」

門號持有者給予「非常準！」的正向回應，剛開始練習看手機號，起步時只要根據符號的含義，直讀就行了，先別想太多，久了、練習多了，看到號碼自然而然腦中就能直覺的勾勒出對方的形象、個性的特質，取象（符號）直讀！

case6

取象直讀，解讀不難，掌握七分好話三分提醒的原則。

此例也是公益群裡的學員，以手機號造宮法看親友的門號，取象直讀，大獲好評。

該號碼末6位為288686。

坤 2	
九天	
天任	辛
開門	己

圖 45：手機末 6 碼為 288686。

該學員為門號持有者的友人點評：「你是個重承諾、可信賴、負責任（天任＋坤），而且是個讓人覺得積極、樂觀、進取、開朗的人（九天為動、積極主動、志高、理想遠大，開門為開朗、心胸寬大）；思想前衛，有創新改革的作風（辛主創新），是個開創型，大格局的人物！」

門號持有者立馬說「準」！當然，說他好話，能不準嗎？筆者上課時常對學員們說：「預測斷得準、佈局能有效，那是『能力』；但不管斷得準不準、佈的有沒有效，都能讓客戶把紅包心甘情願的塞到你口袋裡，那叫『功力』。其中一條要訣就是——**投其所好，七分講好話，不好的，講三分。三分提示，先處理心情，再處理事情，畢竟要給對方建議，也得讓人家聽得進去！**」

以上是幾個手機號判讀的案例，一串數字可以解讀一個人的個性、職業、性格特質，甚至是工作領域和發展潛力，熟悉之後其實判讀並不難，難的是怎麼把話說到人心坎裡、如何讓當事人面對自己的缺點，並且心甘情願的接受你的建議。只要掌握符號的含義，反覆練習，判讀手機號必能成為你的一項閱人利器。

第 3 堂課

運用奇門終身盤，分析一個人的八大生活領域

第一節 如何用奇門遁甲的單宮斷法來論命算命？

在前面的章節中，分別介紹了報數「鎖宮法」以及用手機號「造宮法」，熟悉這兩種技巧，便可斷事件的吉凶成敗、分析一個人的性格及運勢：

＊鎖宮法：斷一件事的吉凶成敗。

＊造宮法：斷一個人的性格及運勢。

接下來，要更進一步地介紹如何運用奇門盤來論命，分析個人的八大生活領域。

奇門盤裡有九宮，九宮裡有八卦：坎、艮、震、巽、離、坤、兌、乾，這八個卦可以主人事，分別代表一個人的幾個面向：

＊八大生活領域、八個生活面向（工作、感情、家庭、財運等等），可以由此斷事情吉凶。

＊代表一個人的六親、一個人的一大家子（父親、母親、配偶、兒子、女兒等等），可以論人的性格和運勢。

因此，只要學會九宮奇門的「鎖單宮」或「造單宮」預測法，便可論人斷事，當然也可以進一步從單宮擴展至奇門盤裡的八卦八個宮位，斷一個人的八大生活領域、八個生活面向，或一個人的六親。方法都是一樣的，只是預測吉凶的太極點、預測的對象和目標稍作轉變而已。

運用前面章節的單宮斷，你會測工作，當然也就會測感情、測財運；你會用奇門單宮判讀自己和他人的手機號，當然也就會用奇門單宮測自己的配偶、自己的父母、自己小孩的運勢發展！

預測一件事或一個人，與算命、論命的差別在於，預測像是一個人生病了，身體有特定問題要找醫生檢查，而算命論命則是像定期做全身健康檢查，每個部位一一檢視，看身體哪個地方好？哪個地方有問題？因此，預測是求測人帶著特定問題來，問工作、感情、財運，或是問父母身體健康、小孩學業等等；而論命算命則是一一檢視自己的生活領域、六親家人，看看有什麼問題該注意？或有沒有好的機會點，可以及時把握發揮。

總而言之，算命論命，就是把一個單宮斷，依奇門盤的八卦，當八件事情來看，重覆斷八次，然後再當八個人看，再重覆斷八次。所以你說，是卜卦預測一件事收費比較高呢？還是算命比較貴呢？

然而每個人生命中的遭遇、現象千百萬種，要從何論起呢？

別擔心！在奇門盤中，我們可以從大方向著手，先從一個人的八大生活領域開始，由大而小、由淺而深，逐一探究人生在世最關心、最在意的重點生活領域。而由此開始，我們將進入更深入、更精彩的奇門遁甲論命法。

第二節 奇門盤的八大生活領域

在前面單元中，求測人來問測時，是以「問測時間」來開奇門盤，這稱為「預測盤」。而什麼是奇門遁甲的「終身盤」呢？奇門遁甲的「終身盤」就是一個人的命盤，是用一個人的出生年月日時，即所謂的「生辰八字」，輸入出生時間所得的奇門遁甲盤，就稱為「終身盤」，所以分析一張出生時間所起出的奇門遁甲盤，就是在論命和算命了。

若是讀者們使用手機或電腦APP，在起盤頁面中，將起盤時間選取「問測者」的「出生年／月／日／時」，再按下起盤鍵，便可得到一張問測者的「終身盤」了。

奇門盤的八卦九宮 vs. 八大生活領域定義

奇門遁甲盤其實是個「時空模擬器」，所謂「空」，就是空間，也就是這張像棋盤的平面九宮格，這張九宮平面圖可以模擬套用在天地之間的萬事萬物中，例如：

＊將八卦九宮圖平放，套用在陽宅或公司店面的平面圖上，便可清楚看出各個空間格局的方位和吉凶。

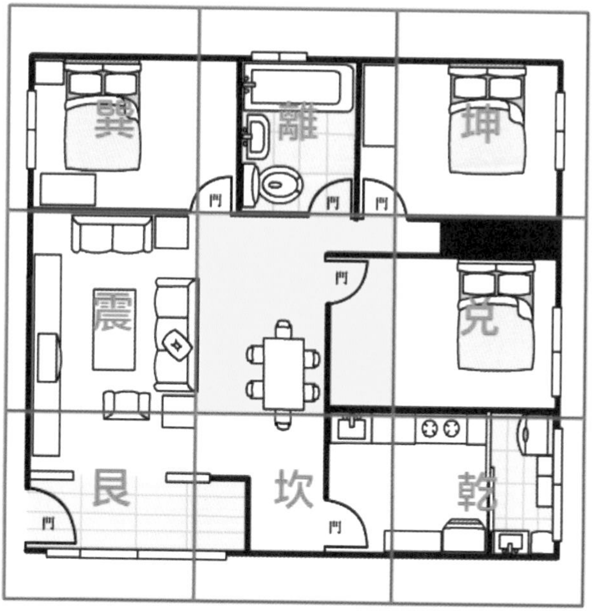

圖 46：八卦九宮套用在陽宅平面圖上，風水吉凶一目瞭然。

＊八卦九宮並非只是平面圖，它也是立體的，套用在人體上，可端詳整個人的身體健康疾病，哪個宮位有問題，就代表身體的哪個部位出現狀況。

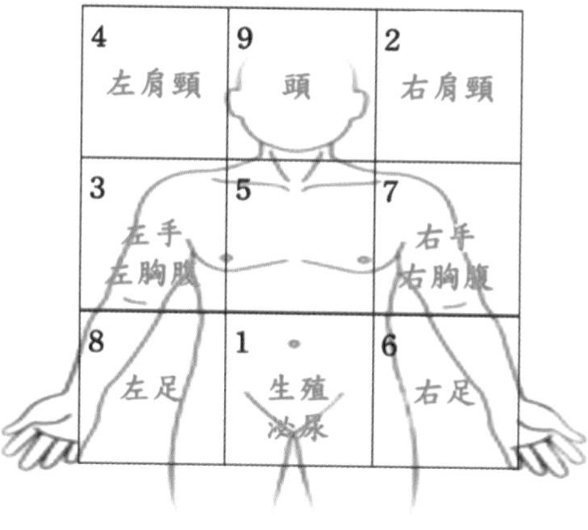

圖 47：八卦九宮亦可套用在人體上端詳身體狀況。

＊一張八卦九宮圖，可以看作你的世界、你的生活空間領域，而九宮格周圍的八個宮位有八卦，而八卦分別代表我們人生中最重要的八大生活領域，如下圖48所示：

巽 4 感情、桃花 神經系統、睡眠、敏感、靈異 財運	離 9 功名、名聲 離開、離職、分離 桃花	坤 2 婚姻家庭 房子、土地 婦科、腸胃
震 3 工作事業 創新、動力 車禍、肢體衝突		兌 7 口角吵架、官司訴訟 交際、社交 財運
艮 8 財富、土地、不動產 生產、子嗣	坎 1 障礙、阻撓 桃花感情、生育 企業、店家生意好壞 小人、疾病	乾 6 財運、資金、薪水、貸款 官貴、升遷、事業格局

圖 48：八卦九宮代表一個人最重要的八大生活領域。

「九宮奇門」之所以名為「九宮奇門」，就是以「奇門單宮斷法」為基礎，以九宮格為模版，套用於世事萬物的各個類別面向，學會論斷一個宮位，就可以延伸論斷一個類別的八個面向，甚至增加到八類、八個面向，共六十四項人事的論斷。

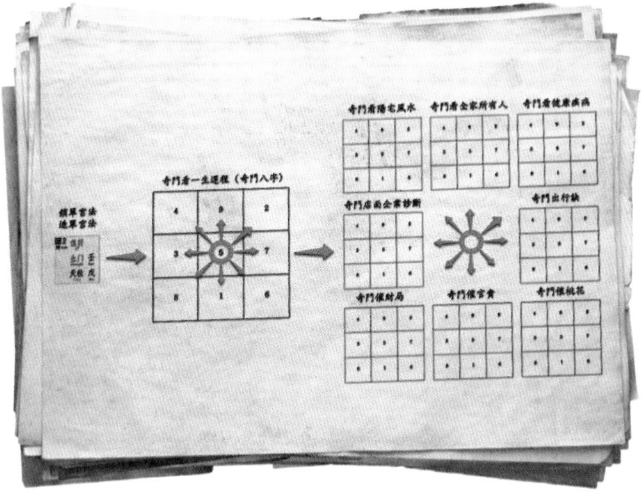

圖 49：從單宮斷，便可延伸至六十四項人事論斷。

「九宮奇門」可套用於諸事諸物中，以常見的的名片為例，套用在名片上，就可變成九宮名片學；套用於 Line 或微信的頭像，就可變成九宮頭像學。九宮奇門可以套頭像，當然也可以套用於面相、手相，套用於陽宅，就可延伸為九宮陽宅學；套用於命盤，就可變成九宮論命學；套用於人體，就可變成看身體健康疾病等等。

先找出每一個宮位對應的八卦所主的人、事，如事業、感情、財運，再依奇門終生盤宮位內符號的吉凶，逐一分析在各個生活領域的運勢及發展，便可清楚看出個人在事業上的發展、財運、夫妻感情相處狀況、身體健康疾病，以及該留意哪些傷災意外。

奇門遁甲式盤不計「中 5 宮」，九宮格的中間區塊不論，只看周圍八個宮位所分別對應的八卦。八卦相傳為上古伏羲氏所做，伏羲仰觀天象，俯察地理，乃恍然於天地之所來自，庶物之生生不息，因畫八卦，以類萬物之理。而「八卦」可象徵天地萬物萬象，當然也涵蓋了我們人一生中最重要的生活領域。

巽 4	離 9	坤 2
震 3	5	兌 7
艮 8	坎 1	乾 6

圖 50：九宮配八卦。

坎1宮：坎卦為水，其意為「陷」

「坎」卦為水，在此宮位的處境就如同掉入湍急的河流、深淵、大海，人如果掉進河流、大海之中，凶險難測，有漩渦、有大浪，易遭淹沒，引喻為危險、困境、障礙、艱難、阻撓，進退維谷。因此坎宮有障礙阻撓、坎坷艱難、遇小人、健康疾病的含義，企業、公司、工作，則有事業危機、困難、破敗之可能。

自古以來，「水」常主情色，例如成語「水性楊花」，所以「坎」也有桃花，情色的含義。坎也代表深陷，我們常聽人說「陷入情網」，這個「陷」就好像掉入泥沼中，脫身不得。若以九宮為人體，這坎卦正好對應生殖泌尿系統，也引申為生育、生產。

坤2宮：坤卦為地，其意為「順」

「坤」卦為地，也就是大地之母，有孕育、包容萬物之意。而一個能夠孕育、包容我們的所在，不正是「家」嗎？因此坤宮主要涵蓋了人生領域中「婚姻家庭」的範圍。

「坤」五行屬土，古人說：「有土斯有財」，土本就是「土地」之意，因此坤宮也指房子、土地。此外，人體之中，脾胃消化系統五行屬土，所以坤卦在人體代表腹部、脾胃消化系統；坤也代表女人，坤為大地之母，有孕育萬物之意，尤指女性的生產，也引申為婦女的婦科狀況，因此，坤宮也涵蓋了腸胃、婦科。

進行預測時，坤2宮，坤為土、為大地，有不動、沒進展的意思；而八神中的「九地」，就象徵坤卦，主不動，古代原意為打戰之時屯兵駐守之意。

震3宮：震卦為雷，其意為「動」

「震」卦就是打雷，其實象徵的是春雷一響，喚醒了天地萬物，進入生氣蓬勃的春天，因此「震」有蓄勢待發、更上一層樓的意涵。「震」為動，草木動、破土而欲出，代表工作上奮發向上的動力，以及事業上的創新。

此外，震宮原是「傷門」的原宮位，因此「震」宮也含括了爭鬥以及傷害的意義，代表行動，尤其跟車禍、或肢體衝突傷害有關。

巽4宮：巽卦為風，其意為「入」

「巽」就是風，風無孔不入，像老師教學，如沐春風，一點一滴的學習。巽卦也是「天輔星」，是與教育學習有關的原宮位，我們不是常聽到形容學習或教育為「春風化雨」嗎？因此，巽卦在風水上也代表學習學業的文昌位。

「巽」為風，像極了愛情，像蒲公英在風中隨風飄蕩，來來回回，徘徊不已，不知方向，不知何去何從。對應在男女交往上，像是在感情中時不時陷入猶豫不決的狀態，不穩定，心情起伏不定，因此巽宮也象徵桃花、感情，代表一個人的個性或處境處於一種猶豫不決、左右搖擺，不知如何選擇且不知何去何從的心情。

「巽」卦，為通道，為管子、管狀，對應到人體便代表氣管。巽為風，也有訊息傳遞的含義，在人體上就是所謂的「神經系統」、神經傳導。而對應現代人的生活，一個人的情緒思維、敏感程度與腦神經有關之外，也跟睡眠品質有關，更甚者可能還牽涉靈異體質的有無。

此外，「巽」卦自古有「利市三倍」之說，也就是做生意若發了財，可以發三倍，所以與財運有關，在風水學裡，巽宮除了是桃花宮，也是財帛宮。

乾6宮：乾卦為天，其意為「健」

「乾」指天，古人覺得天象運行，週而復始，永不停歇，「天行健，君子以自強不息」，因此賦予「乾」一個積極向上、不斷惕勵自己的意義。「乾」為天，在國家指天子、皇帝、首相、總統；在企業為老闆、主管、領導，主官貴、升遷、發展。

「乾」屬金，屬金者與金錢、財富有關，「乾」是「陽」金，陽為多、大之意，所以與財運、資金、貸款、現金流有關。

預測時，乾6宮，乾為天、為天上，有動、發動的意思，而且居高臨下，居於有利位置，準備或正在發動攻擊的狀態。而八神中的「九天」，就象徵乾卦，主動、發動，古代原意為打戰時聲勢浩大、蓄勢待發，採取主動攻擊，發兵出擊之意。

兌7宮：兌卦為澤，其意為「悅」

古人放牧時逐水草而居，遇水澤自是喜悅不已。雖然兌卦有「喜悅」的意思，不過，兌卦的卦象是一陰爻疊加於二陽爻之上，形同一個缺口，「兌」五行又屬金，可發出聲響，所以兌卦反而較常指涉為與聲音相關的意義，在人事則為口說、說話。

口說的意義包含交際、社交，也有偏向負向的意義，就是爭吵吵架、口舌是非、甚至是官司訴訟。

「兌」五行屬「金」，五行凡屬土、金者，都跟「金錢、財富」有關係，所以兌宮也有金錢、財運、利潤的含義在內。

艮8宮：艮卦為山，其意為「止」

「艮」卦代表山，五行屬「土」，遇到了大山，代表被阻擋，必須止步了。而「山」、「土」運用在生活領域中的解讀，常常指涉土地、不動產、財富。

再者，「艮」土，土為腹，「艮」在風水裡又特指男孩，也有繁衍之意，代表生了男孩，可以傳宗接代、有後代的意思，所以在生活領域之中可代表女性生產、繁衍子嗣後代。

離9宮：離卦為火，其意為「麗」

「離」卦，離為火，如煙火，火焰雖美，但意寓稍縱即逝、由盛轉衰、好景不常、虎頭蛇尾。

火帶有光鮮亮麗、吸引目光的意思，因此「離」為麗，為漂亮美麗帥氣的意思，也代表漂亮的花，亦主桃花。而離火也代表外顯、展現，且離卦位置在九宮之中的最高點，站得高才能讓眾人看得到，可對外展示形象，所以也代表一個人的名聲和名氣。

古代科舉時，有所謂「十年寒窗無人問，一舉成名天下知」，所以「離」宮，也有科舉、功名、學歷的意思，一個人學歷高不高，可查看離宮。

在預測時，離宮尤不利感情，因「離」，也可以直取它的字義，主離開、分離、遠離。

第三節 奇門終身盤案例分析

對奇門盤「九宮八卦」所對應的生活領域、生活面向有了比較清楚的概念之後，接下來我們運用真實案例來引領讀者們逐步分析，看看奇門遁甲是如何讓人生現象躍然紙上，栩栩如生的給予各位最深刻奇妙的體會。

某天，一位年輕小伙子經過朋友介紹來做諮商，期望筆者指點迷津，能對現在的人生困頓難關有所啟示。

步驟壹 起出問測者奇門遁甲命盤

小伙子的生辰八字為：一九八五年三月四日十七時五十六分生，首先我們打開奇門遁甲APP：

1 將日期改為當事人（問測者）的生日：一九八五年三月四日。

2 將時間改為出生時間：十七時五十六分。

3 設定起局：置閏。

4 盤式：轉盤。

5 按下起盤鍵。

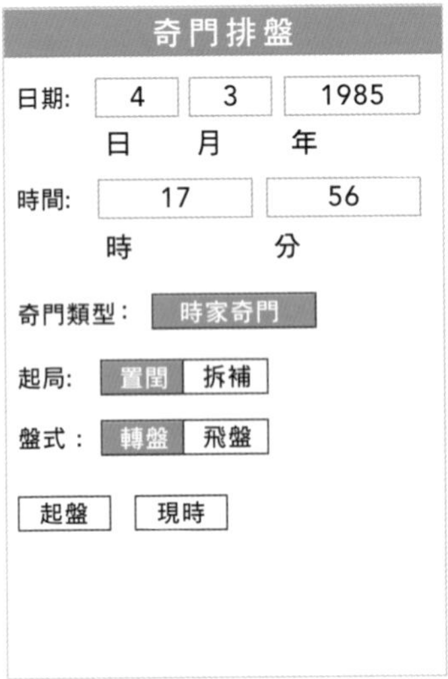

圖 51：打開 APP，輸入問測者出生時間。

如此便可得到以當事人生辰八字所排出的「奇門遁甲終身盤」。

其中八個宮位分別代表此人的「八大生活領域」，可以作為提示當事人的資訊。若宮位內多是紅色符號，象徵吉，可好好利用這些正向特質及運勢，並注意把握外在的機會；若是宮位內符號的組合帶著綠色大凶或黑色凶象，代表常會在該領域裡面臨壓力、困難，不妨提醒自己特別當心留意，做好心理準備，未雨綢繆，應對挑戰。況且這或許只是人生需學習成長的課題，不一定要視之為毒蛇猛獸、凶災風險，就算暫時無力正面迎戰，沉潛低調或借力使力也是一種方法，實在不必太過悲觀。

奇門排盤

時	日	月	年	日期：04/03/1985 時間：17:56 局數：陽遁6局（置閏） 旬首：甲辰（壬） 值符：天篷 值使：休門
己	壬	戊	乙	
酉	寅	寅	丑	

巽 4 玄武 天芮 癸乙 景門 丙	離 9 九地 天柱 己 死門 辛	坤 2 九天 天心 戊 驚門 癸乙
震 3 空 o 白虎 天英 辛 杜門 丁		兌 7 值符 天篷 壬 開門 己
艮 8 空 o 六合 天輔 丙 傷門 庚	坎 1 太陰 天沖 丁 生門 壬	乾 6 螣蛇 天任 庚 休門 戊 馬

圖 52：奇門遁甲的個人終身盤。

步驟貳 分析奇門終身盤的方式有三種

起出問測者的奇門終身盤之後，便可逐一分析問測者的八大面向。分析的方式有三種，本書便以其中兩種方式：「單宮斷」和「找吉處和病處」，逐步示範如何解析此人運勢。

* 單宮斷：問測者問哪個生活領域，就直接鎖定生活領域的代表宮位，問什麼，符號就往那個方向解釋。
* 找吉處和病處：吉處是機會點、病處是威脅點，依據吉處和病處在哪個生活領域，一一對應解釋。
* 滿盤斷：八個宮位逐一解析，根據每一宮位所象徵的面向，來論斷該生活領域狀況。

❶ 單宮斷

當事人一坐下來，便愁眉苦臉的問道：「我想知道家庭關係怎麼改善？」

對方提了「家庭」，此時我們可以依所問問題，直接找到代表「家庭」的宮位：坤2宮。

坤 2		
	九天	
	天心	戊
	驚門	癸乙

圖53：終身盤中的坤2宮。

因此，「坤2宮」現在就等於當事人的家庭區塊，其中的符號就代表這個家中目前發生的現象與狀況。

首先，我們看到「八神」為「九天」，九天利工作，不利婚戀家庭。前面提過，因八神中的「九天」就象徵乾卦，有積極主動、志向高遠（九天，天為高）、奮發向上、不懼艱難、克服挑戰的意涵，代表一種戰鬥力，是做事工作的原動力，古時原為打戰時採取主動攻擊、發兵出擊之意。

但在家庭或婚戀關係中，追求的是和睦、相愛，可是宮位之中的符號出現了爭戰、激烈，看來怎樣都很難跟家庭和諧扯上邊了。家裡是放鬆休息的地方，不應該天天吵吵鬧鬧，隨時準備拚輸贏，甚至是激烈爭戰打鬥的地方。

加上「九天」代表的是遠處、高處、出行、遠離，這是一種變動、奔波。有九天在坤宮，要嘛這個家庭不穩定，坤卦代表女人、妻子，女主人老不在家、常常往外跑，或男主人在家待不住、聚少離多，象徵遠距離戀愛或分居。

「驚門」有口舌、官非的含義，用在家庭生活中，可能就是家庭成員之間的口角、爭吵。

而宮位中的天干「戊、癸」，恰好為「天干五合」的一組，代表家庭相合，但因有「驚門」易引發爭吵家庭反而不合。

由此我們可以知道，問測者的家庭狀況可能與另一半的相處關係（戊癸合，為夫妻）容易引起口角（驚門）有關，而且多半是一發不可收拾，一旦吵起來就越演越烈（驚門＋九天），家裡像戰場，天天照三餐吵（九天為天天），甚至可能連「離婚」、「分居」都脫口而出了（戊癸＝夫妻；九天＝分離）。

但問題的根源是什麼呢？同樣可以從符號中拆解得知！

天干「戊」，是資金、資產，夫妻之間可能對金錢財務上的想法有歧異，且越來越無法溝通；天干「癸」為性，又或是與兩人的性關係不和諧有關。

「九天」主遠離，或許是夫妻之中有人身處異地（九天可代表外地），因工作而長時間遠距離，造成情感疏離；又或是其中一方每天都往外跑，沒把心思放家裡。因此，論感情、家庭，實在不希望遇到「九天」這個符號。

綜合以上訊息，可以直接指出對方是否因工作關係而與妻子分隔兩地，整天在外勞碌奔波賺錢（九天＋戊，動中取財），疏於照顧溝通；加上與另一半對於財務分配的方式、金錢的看法意見相左，常起口角（驚門），最後雙方情緒一發不可收拾，爭吵謾罵（九天＋驚門），甚至開始考慮分居、離婚的可能（九天）。

當事人聽完了筆者的描述後連連稱是，驚訝不已！

分析到這裡，有兩點需提醒讀者們：

1 若對方只問一件事，也可以用「報數鎖單宮」來做預測，但這通常是指「當下面臨的處境，或一時的狀況」，與「奇門終身盤」所不同的是，出現在奇門終身命盤中的符號，所提示的往往是這一生中會碰到的事件，或是在這領域中（例如家庭關係）彼此相處對待的模式或態度，這是人生修煉的重要課題，可能出現一次，或者可能重覆出現多次，直到自己的觀念、想法或行為改變了，才能有所改善。

2 熟悉奇門符號的含義非常重要！充分掌握奇門遁甲的「宮、神、星、門、干」的符號含義，才可以幫助我們在做預測分析時，不僅能知道其吉凶結果，也能藉由符號的解讀而知道問題的根源所在。也就是說，不僅可以做預測，能夠知其然，也能知其所以然。

❷ 找吉處和病處

分析終身盤時，宮位多，線索也多，所以必須從重點著手，也就是先找出終身盤中的「**吉處**」和「**病處**」。吉處象徵我在哪個領域有更多機會、擅長的強項、可以好好把握發揮的地方；病處就是我在哪些領域會碰到障礙、不擅長的弱項、必須留意小心和避免犯錯的地方，也是需要多花心思、自我加強的部分。

我上課常講，沒有一百分的房子，也沒有一百分的配偶，當然也沒有一百分的命盤，有好的，我們珍惜，好好發揮，借力使力；有不好的，我們改善加強，或盡量避免，這樣就會越來越好、越來越自在，活出自我也活出自信。重要的是，藉由命盤瞭解自己，瞭解自己的強處、短處，借力使力，才能做出最佳的選擇。

吉處

宮位內有以下屬吉的紅色奇門符號，就是該把握並且好好發揮的生活領域，也就是「吉處」，代表個人擅長、或有機會發揮表現的生活領域：

♥**值符、九天：**升遷、名列前茅、官運亨通、節節高升、有靠山、遇貴人。

♥**生門：**有財運，能賺錢。

♥**開門：**事業發展好，順利、開心。

♥**休門、乙、丙、丁：**貴人運佳、機運好。

♥**景門：**利於功名考試、前景看好（景門屬火，若與傷門、天芮、白虎同宮反而可能是血光、意外、開刀、車禍）。

病處

宮位內有以下大凶的綠色或屬凶的黑色奇門符號，就是該注意的生活領域，也就是「病處」，代表會出現問題，或比較辛苦的生活領域：

♠**白虎：**阻礙、打鬥暴力、傷災疾病、血光意外、開刀車禍、官司刑罰、吵架爭鬥、壓力（難搞、難處理、厲害的）。

♠**天蓬星：**破敗、破財、情傷。

♠**天芮星：**有問題、疾病。

♠**傷門：**受傷、打鬥、血光、開刀、車禍、意外。

♠**死門：**結束、低潮、困頓、停滯不前、固執、沒有方法、沒有門路。

♠**庚：**阻隔、障礙、扯後腿。

♠**馬星：**奔波忙碌、不穩定、多變動。

♠**空亡：**事多不成、多勞少獲、落空、產生變化、使不上力、白忙一場、辛勞。

在命盤上，先標示出這些符號的所在宮位，有一個以上凶的、或吉的符號在同一宮位裡，同類符號越是集中、越多，則該生活領域就越是需要被關注。

有了上面的簡單定義，我們再回頭看看剛才那位問測者的終身盤，除了「坤2宮」的家庭關係外其他領域的分析探討。

首先鎖定「病處」，先找「白虎」、「空亡」。

「震3宮」中兩者皆有，「震3宮」代表的生活領域是「工作事業、開創發展」。

我與問測者說道：「震宮為事業，逢空亡，代表事業多勞少獲，努力付出，卻得不到太大的回報，辛勞難免；此宮內還有杜門，杜為堵，代表運勢受阻；白虎為阻礙、小人扯後腿，因此你可能一直以來覺得工作辛苦，勞而無獲（白虎、空亡），發展遇阻、受限（杜門）。

震 3	空 o
白虎	
天英	辛
杜門	丁

圖 54：終身盤中的震 3 宮。

此外，另一個『艮 8 宮』又逢空亡和傷門。艮 8 宮為不動產、子嗣，而傷門就是傷害、受傷，該宮也逢空亡，因此，可能是生女孩，沒生男孩，或是老婆流過產，因艮宮為子嗣、生產，『傷門＋空亡』為受傷又逢空（沒了），因此論斷問測者的家庭曾受小產之苦。」

艮 8　空 o
六合
天輔　丙
傷門　庚

圖 55：終身盤中的艮 8 宮。

我再說道：「您曾經與老婆分居，又或是已經離婚了。」

該宮的「六合」也有「婚戀感情」的含義，受傷又落空，代表婚姻沒了。空亡，代表以前有過，現在空了、沒了，意即曾經有過，後來沒了、結束了、往事成空了。

「此外，您一直無法累積財富，遲遲無法置產。」因為艮宮為房產、不動產，逢空亡，代表名下沒房子。

以此例而言，對應問測者的過去，曾經面對的變化、難題的描述，甚至事件的發生，皆一一命中。不過接下來更重要的，是改掉「病處」，改變自己的習性，才能有機會改變人生，開創新的一局。

最後總結「用奇門盤分析八大生活領域」的主要觀念：

1奇門盤裡有八卦，八卦可以分別代表人生的八大生活領域、八大人生課題、八項個人現實中最關切的重心。

2論斷一個人的各個面向很難嗎？大道至簡，只要靜下心來，沉澱心情，不求快，以單宮斷為基礎，用同樣的方法，依壺畫瓢，從「單宮」開始，再逐一拓展到奇門盤裡的八個宮位，每個符號、每個宮位，細細深入解讀，就能看清一個人生活中的八個面向和八個生活領域。

3一法通萬法通，以筆者所給的基礎論斷方式，一以貫之，扎實練習，就可以體會到奇門遁甲的神妙，並且提取跟問測者相關的人生重點課題。協助自己和他人，了解優勢劣勢、高峰低谷，順勢而為，達到趨吉避凶，從心所欲的境界。

一個完整的論命流程中，除了可以分析「空間」，也就是探討一個人的生活領域之外，亦可分析「時間」，也就是判斷這些事件和遭遇，會發生在一生中的哪個時間段？哪一年？這也就是所謂的大運與流年。

掌握了「空間」和「時間」的論斷之後，最後才能進入最重要的人生規劃，也就是「奇門運籌」領域。在這個階段中，不僅能了解如何做出正確的選擇以趨吉避凶，亦可懂得遇事時如何運用奇門來化解。

奇門遁甲的學問博大精深，可以由簡而入，用手機號快速掌握一個人的性格，亦可深入判讀，由奇門終身盤看一個人的八大生活領域。接下來，我們將觸角延伸至全家人，看看如何一一分析家中所有人的狀態。

奇門排盤

時	日	月	年
己	壬	戊	乙
酉	寅	寅	丑

日期：04/03/1985
時間：17:56
局數：陽遁6局（置閏）
旬首：甲辰（壬）
值符：天篷
值使：休門

巽 4 16～26 玄武 天芮 癸乙 景門 丙	離 9 56～66 九地 天柱 己 死門 辛	坤 2 36～46 九天 天心 戊 驚門 癸乙
震 3 空 o 26～36 白虎 天英 辛 杜門 丁	6～16	兌 7 76～86 值符 天篷 壬 開門 己
艮 8 空 o 66～76 六合 天輔 丙 傷門 庚	坎 1 46～56 太陰 天沖 丁 生門 壬	乾 6 1～6 螣蛇 天任 庚 休門 戊 馬

圖 56：運用奇門盤看一生運程大事決策。

第 4 堂課

運用奇門終身盤，分析全家人運勢

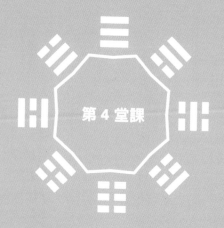

第一節 奇門盤中的九宮八卦 vs. 全家人

在前一堂課中提到，奇門盤裡有九宮，九宮裡有八卦，分別為：坎、艮、震、巽、離、坤、兌、乾。這八個卦可以主人事，除了分別代表一個人的八大生活領域（工作、感情、家庭、財運等等），也可以代表一個人的「六親」，又稱為「房份」（父親、母親、大房、二房、三房等等），也就是一個人的父母、手足、配偶、兒女等一大家子。奇門遁甲式盤能夠模擬萬事萬物，自然也能夠模擬自己的家庭，帶入所有的家庭成員。

巽 4 長女	離 9 中女	坤 2 母親
震 3 長男		兌 7 三女
艮 8 三男	坎 1 中男	乾 6 父親

圖 57：九宮八卦代表全家所有人。

全身照 vs. 大頭照

只要學會單宮斷，懂得判讀一個宮位，就會論斷八個宮位！一個宮位當作一個人，會看一個人，就可以看全家人，由單宮擴展至全個盤。只不過和前面章節不同的是，一張奇門盤可以看一個人的八大生活領域，是因為這張奇門盤就像拍照時的「全身照」，所以全身各個部位、一個人的各個生活面向皆可以看清楚；而把一個宮位當一個人看，就好比像「大頭照」，只能勾勒出最有機會、或最有問題的生活領域。

若真想看家裡某特定對象的八大生活領域的各個運勢，想要看得清楚、分析得更深入，當然也可以以對方的出生時間，起出他個人的奇門終身命盤，依照上一章的方法仔細分析判斷。

九宮八卦中，每一宮分別代表家中何人？

「九宮八卦分房份」是學習風水的入門知識，在風水裡，就是以房子立太極，以房子為中心，作為目標觀察的重點和主體。再以九宮八卦的「八卦」分八個方位，來看房子周遭，四面八方，哪個方位有明顯的形煞，如路沖、壁刀、反弓、尖角等，從何方沖射而來？傷了哪一卦？那麼那一卦所象徵的人事就可能會出狀況。因此，八卦象徵事，也象徵人，分別代表一個家庭中的組成分子。

乾 6 宮：乾卦為「父親」

「乾」為「天」，代表主導、管事，也象徵權威、領導、管理。對比傳統家庭觀念中，就是一家之主，為父親之意。

坤 2 宮：坤卦為「母親」

「坤」為「地」，我們常常以「大地之母」來讚嘆土地孕育、承載萬物的偉大，代表包容、穩定、和順。而在傳統觀念裡，家中的「母親」生養小孩、把持家務、任勞任怨，如此母親的形象與「大地之母」類同，因此「坤」為「母親」。

在古代農耕漁牧社會中，理想家庭的組成，是期望家中生養眾多，男女皆有，分工扶持。有了父母，接下來幾個宮位就是孩子們了。

震 3 宮：震卦為「長男」

「震」為「雷」，代表開創、奮起、先鋒，也象徵積極、有目標、專注。父親日漸衰老，而長男替位，所謂長兄如父，所以「震」卦為長男，有承先啟後，開創新局之意。

巽4宮：巽卦為「長女」

「巽」為「風」，代表擴散、細膩關心、交流連繫，相較「震」卦長男繼父之志，「巽」卦也替母位，而為長女。

坎1宮：坎卦為「中男」

「坎」為「水」，代表聰明、靈活、計劃、冒險。坎卦介於長男與三男之間，相對長男，既不受父母親的重視委任，相對三男，又不受父母的關愛疼惜，只好自己想辦法，靈活多變，想辦法冒險找出路，所以「坎」卦為中男。

離9宮：離卦為「中女」

「離」為「火」，代表亮麗、熱情、愛情愛心、人際關係、文化藝術、冒險。離卦也是介於長女與三女之間，地位相當於中男，所以「離」卦為中女。

艮8宮：艮卦為「三男」

「艮」為「山」，代表後代、子孫、幫手、平台，「艮」卦為三男。

兌7宮：兌卦為「三女」

「兌」為「澤」，代表口、表達能力、溝通、喜悅、開心，「兌」卦為三女。

在此要特別留意的是：

* 排行是男女分開計算的，例如：一個家庭的小孩組成是二女一男，小孩的排行順序，依照口語稱呼是大姊，二弟，三妹；然而按照房份，則是「長女」、「長男」和「中女」。

* 若家中只有獨生子女，獨生子一樣取「震3宮」長男；獨生女取「巽4宮」長女。

* 一個男人若還沒當父親、還沒生小孩之前，以原生家庭的排行、房份為身分；生了小孩、當了父親之後，才升格為「乾卦」。也因此為什麼生完小孩後，往往運勢會有所改變的原因。
同理，一個女人若還沒當母親、還沒生小孩前，以原生家庭的排行、房份為身分；生了小孩，當了母親之後，才升格為「坤卦」。

* 一對男女結了婚，即使成立家庭，住在一起，若還沒生小孩當父親或母親，還是以原生家庭的排行、房份為身分；除非生了小孩，當了父親或母親，開枝散葉了，才升格為「乾卦」或「坤卦」。

舉例來說，一對男女，男人在原生家庭為第二個男孩，中男；女人在原生家庭為第一個女孩，長女，兩人結了婚，成立了家庭，但還沒生小孩，即使住在一起，此男仍看「坎宮」，中男的宮位，此女仍看「巽宮」，長女的宮位。

清楚家族成員定位，以及宮位象徵的人物房份之侯，接下來，我們就可以逐一宮位對號入座，再依據宮位內的符號，一一論斷全家所有人的運勢。

第二節 運用一張奇門盤判讀全家人運勢

想要判斷一家成員的個別狀況，可以起出奇門「預測盤」，使用預測當下的年月日時間，作為起出奇門盤的基礎。

case1

女兒詢問母親病情安危

某日深夜，一位女學員緊急來電，她的母親因突發狀況住院，除了遵從醫囑之外，也擔心媽媽的病況，想知道媽媽的病情安危，以及治療狀況是否理想。

首先，我們根據來人問測的時辰二〇二〇年三月五日凌晨一點二十九分，選取好時間，按下起盤鍵，便可得出依據問測者起心動念時刻所起的奇門遁甲式盤，如圖58。

奇門排盤

時	日	月	年	日期：05/03/2020 時間：01:29 局數：陽遁 3 局（置閏） 旬首：甲午（辛） 值符：天心 值使：開門
辛	丁	戊	庚	
丑	未	寅	子	

巽 4 空 o 白虎 天輔 己 開門 己	離 9 玄武 天英 丁 休門 丁	坤 2 九地 天芮 乙庚 生門 乙庚
震 3 六合 天沖 戊 驚門 戊		兌 7 九天 天柱 壬 傷門 壬
艮 8 太陰 天任 癸 死門 癸	坎 1 螣蛇 天蓬 丙 景門 丙	乾 6 值符 天心 辛 杜門 辛 馬

圖 58：深夜急電詢問母親病況。

論斷家人狀態和運勢的技巧，一樣可從「單宮斷」和「找吉處和病處」兩種方法著手，在此我們運用「單宮斷」即可拆解分析。

當事人會來諮詢的首要原因，就是母親的疾病，此時「母親」兩個字就像代替當事人「報數」一樣，可以依家人身分鎖定宮位，直接鎖定代表「母親」的宮位，「坤2宮」。

我們先來看符號的含義組合，觀察當事人的狀況。

坤 2	
九地	
天芮	乙庚
生門	乙庚

圖 59：象徵母親的坤 2 宮。

母親為「坤2宮」，身體不適正因病住院中，此時宮位內有「天芮星」，代表「疾病、有問題的」恰為天芮星，這正坐實了母親患病、身體不適的狀態（坤宮＋天芮）。

然而病情境況如何呢？宮位內「九地」五行為土，代表「緩慢、穩定」，因此我們可以解讀成病情穩定、變化不大；此外，「九地」也可能代表「低、不動」，因此很可能是血壓低、昏迷、懶言少語等狀況。

此宮逢吉門「生門」，「生門」就是「有生機、有生命」，絕處逢生，因此判斷應無危險。

因此坤宮在此處代表的是：母親身體不適（坤宮＋天芮），病情可能是血壓低、昏迷，但病況穩定（九地＋天芮），好好休養應無大礙（生門）。

當事人聽到母親應該無恙，當下心中大石落地，這才想起，近期全家為了二女兒今年的升學考憂心忡忡，因此也向筆者問詢，二女兒今年升學考的表現如何？

離 9	
玄武	
天英	丁
休門	丁

圖 60：象徵二女兒的離 9 宮。

二女兒為「中女」，讀者們可以利用「九宮八卦代表全家所有人」的表格（圖57），速查得知二女兒「中女」，落於「離9宮」。

考試、工作事業，最重八神，因為宮位裡若有吉神，如值符（為甲，第一）、九天（分數高）、太陰（庇蔭），都象徵為無形的助力，代表考運好、官運好！相反的，若逢凶神，如九地（分數低）、玄武（迷糊），則代表考不好。

在象徵二女兒的離9宮中，剛好女兒「八神」為「玄武」，為迷糊、看不清楚，沒有神助，也代表她本人不聰明、本質不佳，考試要求思慮清晰、頭腦清楚，「玄武」不利考試。宮位內有「休門」，其本意為休閒、和解、和睦之意，雖然一般情況下屬吉的符號，但卻同時也有休閒、懶散的意涵。好在有丁奇，丁天干，五行火代表光明，利於科甲、功名，最利考試。

綜合判斷下，二女兒目前面臨大考，逢玄武，不甚聰明，但因有丁奇可有轉機，若能積極準備，放平常心，加倍用心多多加油，仍有機會考得不錯。基本上，離9宮還是吉大於凶，好好努力，還是有很大機會考好的！

case2

客戶詢問家中各成員運勢狀態

首先，同樣根據來人問測的時辰二〇二〇年一月十六日上午九點二十七分，選取好時間，按下起盤鍵，便可得出依據問測者起心動念時刻所起的奇門遁甲式盤，如圖61。

奇門排盤

時	日	月	年	日期：16/01/2020 時間：09:27 局數：陽遁 8 局（置閏） 旬首：甲寅（癸） 值符：天輔 值使：杜門
丁	戊	丁	己	
巳	午	丑	亥	

巽 4 九地 天任 戊 休門 癸	離 9 九天 天沖 壬 生門 己	坤 2 值符 天輔 癸 傷門 辛丁
震 3 玄武 天蓬 庚 開門 壬		兌 7 螣蛇 天英 己 杜門 乙
艮 8 空 o 白虎 天心 丙 驚門 戊	坎 1 空 o 六合 天柱 乙 死門 庚	乾 6 太陰 天芮 辛丁 景門 丙 馬

圖 61：奇門盤判讀全家人。

同樣的，論斷家人狀態和運勢的技巧可從「單宮斷」和「找吉處和病處」兩種方法著手，在此我們運用「找吉處和病處」來進行分析，並重溫一下吉處與病處常出現的符號以及意義。

吉處

宮位內有以下屬吉的紅色奇門符號，就是該把握並且好好發揮的生活領域，也就是「**吉處**」，代表個人擅長、或有機會發揮表現的生活領域：

♥**值符、九天：**升遷、名列前茅、官運亨通、節節高升、有靠山、遇貴人。
♥**生門：**有財運，能賺錢。
♥**開門：**事業發展好，順利、開心。
♥**休門、乙、丙、丁：**貴人運佳、機運好。
♥**景門：**利於功名考試、前景看好（景門屬火，若與傷門、天芮、白虎同宮反而可能是血光、意外、開刀、車禍）。

病處

宮位內有以下大凶的綠色或屬凶的黑色奇門符號，就是該注意的生活領域，也就是「**病處**」，代表會出現問題，或比較辛苦的生活領域：

♠**白虎：**阻礙、打鬥暴力、傷災疾病、血光意外、開刀車禍、官司刑罰、吵架爭鬥、壓力（難搞、難處理、厲害的）。

♠**天蓬星：**破敗、破財、情傷。

♠**天芮星：**有問題、疾病。

♠**傷門：**受傷、打鬥、血光、開刀、車禍、意外。

♠**死門：**結束、低潮、困頓、停滯不前、固執、沒有方法、沒有門路。

♠**庚：**阻隔、障礙、扯後腿。

♠**馬星：**奔波忙碌、不穩定、多變動。

♠**空亡：**事多不成、多勞少獲、落空、產生變化、使不上力、白忙一場、辛勞。

天芮星

首先，我們先找到病處「天芮星」，落在「乾宮」。「乾宮」代表的家庭成員是「父親」，因為長輩、老年人多半有健康方面的問題，若天芮星落在年輕人宮位裡，則不一定代表疾病，必須參看宮位內還有什麼符號，若臨六合，則可能指向婚姻感情；若臨生門，則可能是財運有問題。在這個案例中，「天芮星」落於象徵父親和老年人的宮位，這可能代表的是疾病，但具體是什麼樣的病症呢？

乾 6	
太陰	
天芮	辛丁
景門	丙

圖 62：象徵父親的乾 6 宮。

乾宮中有「景門」，為血光意外；天干中的「丁」為釘，「丁」五行為火，主血光；「辛」五行為金、為刀，都是形狀尖銳之物。在疾病論斷上，有血、有刀，可能是動過開刀手術，那麼，是身上何處的手術呢？在「乾宮」中，「景門、丁、丙」都屬火，五行火，火為目，代表眼睛；另外，乾卦，乾為首，在人體部位代表頭部或腦。

綜合上述訊息，判斷可能是父親（乾宮）因眼疾（景門＋丁＋丙＋天芮）進行過開刀手術治療（丁＋辛＋天芮），也可能是腦部開過刀（乾＋天芮＋景門＋辛丁＋丙）。

接著，筆者鎖定病處，繼續推斷下去，這次著眼的是病處「空亡」。

空亡

坎 1	空 o
六合	
天柱	乙
死門	庚

圖 63：象徵二兒子的坎 1 宮。

「空亡」落「坎宮」，為中男，因此鎖定論斷對象為客戶的二兒子。「空亡」就是沒了，究竟客戶家中的二兒子是什麼沒了、落空了呢？

此時我們可以看到該宮中有「六合」，象徵婚戀感情；而天干「乙＋庚」為天干五合，乙庚為合干，合干就代表婚戀感情，乙為陰木，乙又代表依附、柔順，自古以來即為妻子的象徵；庚為陽天干，庚為陽金，庚代表陽剛，自古以來即為丈夫的象徵。乙庚合，一陰一陽恰為夫妻之道，也恰巧代表婚戀感情。宮位內有「天柱」，代表口說、口舌，是一顆破壞星，代表爭吵吵架、口舌是非；另外還有「死門」，代表死氣沉沉，也有結束的意涵。

由此，筆者論斷客戶的二兒子在婚姻關係上（六合＋乙庚），夫妻倆爭吵不休（六合＋乙庚＋天柱），兒子相當固執，今年婚姻不美，可能兩人告吹，最後婚姻會沒了，失敗收場（死門＋空亡）。此外，兒子目前心情低落、運勢不佳，生活困頓（死門＋空亡＋坎宮，逢今年流年庚子年為應期）。

天蓬星

震 3	
玄武	
天蓬	庚
開門	壬

圖 64：象徵大兒子的震 3 宮。

接著鎖定「天蓬星」，落於「震宮」，「震宮」為「長男、長子」，見天蓬星便可知「破財」。但是什麼樣的狀況讓大兒子破財呢？

震宮內有「玄武」，可解讀為「偷盜、小人」，代表欺騙；「庚」為阻隔；「開門」為「事業、開店或開公司」。

綜合解讀，輪廓就出來了。大兒子長男（震宮）可能跟人合夥創業開公司，但經營不善（開門＋庚，庚為遇阻），合作方其實根本是詐騙，因此被倒債破財（玄武＋天蓬），玄武＋天蓬，幾乎百分百被騙破財。

結論

結論其實很簡單，客戶一家，父親有疾（乾＋天芮），長男事業破敗（震＋開門＋天蓬＋玄武），中男感情失利（坎＋六合＋空亡）。

「運用奇門盤解讀個人八大領域」以及「運用奇門盤分析全家人運勢」，乍看似乎不可思議，但相信讀者在閱讀完這兩章之後，可以慢慢發現，原來只要熟練「鎖單宮」對一件事做預測，以及「造宮法」判讀一個人的個性運勢，再加上把「九宮八卦的人事象徵」搞清楚了，就能夠學會論人、斷事、算命。

解讀不難，熟練而已。接下來我們則要進入更精彩的單元：運用奇門看風水。

第 5 堂課

運用奇門盤，判斷房屋風水及室內空間優劣

第一節 奇門符號象徵的風水物象及九宮方位

在前文中，筆者不斷強調一個觀念：只要熟練九宮奇門的「單宮斷」，就可論人斷事，當然也就可以進一步從單宮擴展至奇門盤裡的八卦八個宮位，延伸至多人多事斷。從判讀一個人的八大生活領域延伸至一個人的六親，方法都是一樣的，只是預測吉凶的太極點、預測的對象和目標不斷地更換而已。

那麼，接下來要問的是：「為什麼會發生這件事？又是什麼原因，會讓這件事發生在某位家人身上？」這其中牽涉到天、地、人三大影響因素：

***所謂天，指的是天時**，也就是一出生時先天就帶來的，這是人生的藍圖，命運的起伏轉折，受日月星辰規律的牽引，這可從「八字終身命盤」看得出來。

***所謂地，指的是地利**，也就是個人祖先的墳，或居住的房子環境，陰宅與陽宅，這可從「風水」中看得出來。

＊所謂人，指的是人和，也就是人的觀念、行為、想法，人的際遇，碰到的人事物，這是一種「變數」與「創造」，牽涉到一個人後天的努力與改變。我命由我不由天，過去是定數，未來是變數，未來可以改變，關鍵是現在怎麼做！這種變數、變化可從「卜卦」，預測占卜中看得出來。

所以一個人的行運遭遇，可能會受到先天（八字）及後天（風水，人的努力）的影響，因此在本章中，我們就要來介紹影響人生際遇的其中一個重要因素——風水，看看如何運用奇門盤找出可能的風水原因，判讀因何導致此人發生了這些事，並影響了他的運勢？

奇門符號含義表（風水物象）

神（八）	值符（土）	螣蛇（火）	太陰（金）	六合（木）	白虎（金）	玄武（水）	九地（土）	九天（金）		
象徵	主管辦公室 高檔物品 樹 高大 / 名貴 建築	光電熱物品 彎曲 纏繞物 夢 靈異	私密物精密 觀音 寺廟 女人物品	信函 傳單 盒、箱 櫃子 樹林 婚慶場所	大馬路 凶煞物 殘缺破壞物	暗藏物 陰暗處 下水道 廁所 江河湖水池	土產 五穀 低窪處	高大處 飛機 圓形可動物		
星（九）	天蓬（水）	天芮（土）	天沖（木）	天輔（木）	天禽（土）	天心（金）	天柱（金）	天任（土）	天英（火）	
象徵	雨傘 酒水 酒吧 餐飲店 娛樂風月場所	藥品 醫院 神位 寺廟 包包 袋子	樹 電線桿 柱狀直立物 能動物品	衣服 學校 寺廟 禽鳥	天井 陶瓷古董 土陶用品	圓形物 珠寶玉器 五金	聲響 毀壞物 柱狀物 有口金屬物	樓梯 門 塔 橋 坡	光電熱物品 女人用品 字畫 信函 化妝品	
門（八）	休門（水）	死門（土）	傷門（木）	杜門（木）	死門（寄）	開門（金）	驚門（金）	生門（土）	景門（火）	
象徵	江河湖水池 、有水的窪地 酒吧 飲料店	死物 遺物 古宅 墳地 田野 陵園	車 車站 道路 森林 破損物	堵塞不通處 儲藏室 竹林 遮蓋隱蔽處	死物 遺物 古宅 墳地 田野 陵園	都市 機關法院 高大建築，門 開闊處，廣場	音響 音樂廳 吵鬧處	房屋 商店 街道 公園 工廠農漁場	光電熱物品 圖畫 美容院 美術館 景區 鬧區 喜宴	
干（十）	甲（戊）	乙（木）	丙（火）	丁（火）	戊（土）	己（土）	庚（金）	辛（金）	壬（水）	癸（水）
象徵	主管辦公室 高檔物品 高大 / 名貴 建築	花草 中藥 彎曲物 線繩 床 桌椅 布	光電熱物品 爐灶 廚房 窗 陽台	燈香 煙 文書證件 刀 尖銳物 丁字路	高土 陶瓷土 房子 牆 金錢	捲曲物 平地 地下 坑洞 容器 墳 髒亂	大路 石獅子 門窗 凶煞物 大型金屬	首飾 刀 門窗 小路 缺口物 尖銳物	江河湖水池 有水處 水龍頭 門口 圖畫	茶酒 飲料 水 廁所 陰溝 圖畫

表格中紅色符號為吉，黑色符號為不吉，綠色符號為大凶。

圖 65：奇門符號含義表（風水物象）。

另外，為了介紹風水，我們要先知道奇門盤中「宮位」的「位」，代表的是什麼方位（如圖66）：

巽 4 宮 東南	離 9 宮 南	坤 2 宮 西南
震 3 宮 東	中	兌 7 宮 西
艮 8 宮 東北	坎 1 宮 北	乾 6 宮 西北

圖 66：宮位與方位。

奇門盤裡的宮位、八卦，與方位，彼此的對應位置是固定永遠不變的，像下棋的棋盤一樣，有固定的位置；只有盤上的「神、星、門、天干」才會轉動，如同棋盤上的棋子一般，是可以移動轉換位置的。

因此每個奇門盤中，3宮一定配震卦，習慣稱為「震3宮」，方位一定代表「東方」；7宮一定配兌卦，習慣稱為「兌7宮」，方位一定代表「西方」，其餘類推。

九宮格上的方位，跟我們現在常用的google地圖，方向剛好是相反、顛倒的，也就是說，九宮格中的上方不是北方，而是南方；左方反而不是西方，而是東方，上下是顛倒的，左右是相反的，跟我們現在的習慣用法恰恰相反。

第二節 四步驟破解壞風水

判斷風水吉凶優劣，必須熟悉奇門符號，以下三張表（圖67、68、69）可說是集結奇門符號的精華於其中，不必死記硬背，多多運用案例來解析判讀，自然可以熟悉掌握每一個符號的含義。就算暫時無法全部牢記，隨時翻看這三張表格，論人斷事或是判別風水優劣必然可越來越得心應手。

＊宮位八卦為「主體」：當名詞、當具体要被論斷吉凶的人、事、物。

＊奇門符號為「客體」：當形容詞、當修飾、當作用力，以此論斷吉凶。

奇門符號含義表（論人）

	1	2	3	4	5	6	7	8	9	0
宮 （九）	坎 （水）	坤 （土）	震 （木）	巽 （木）	坤 （寄）	乾 （金）	兌 （金）	艮 （土）	離 （火）	宮空亡
平台 環境	艱難 受困 深陷	牽扯拖拉 進展緩慢	開創 奮鬥	徘徊不定 沒有方向	牽扯拖拉 進展緩慢	積極主動 居高臨下	社交 口舌 是非	阻隔 停止不前	光明前景 由盛轉衰	辛勞 無收穫 無力
神 （八）	值符 （土）	螣蛇 （火）	太陰 （金）	六合 （木）	白虎 （金）	玄武 （水）	九地 （土）	九天 （金）	值符 （土）	神空亡
人格	主見強 喜掌控	聰明圓滑 變來變去 三心二意	心思細膩 想得多	有親和力 人緣佳	威嚴強勢 脾氣硬 不服輸	暗中行事 聰明	低調 保守 固執	好動 高調 志高	主見強 喜掌控	心裡沒底 沒主見 靈感直覺
星 （九）	天蓬 （水）	天芮 （土）	天沖 （木）	天輔 （木）	天禽 （土）	天心 （金）	天柱 （金）	天任 （土）	天英 （火）	星空亡
個性	膽大敢拚 不顧後果	保守固執 不易變通	行動力強 冒失	斯文文雅 善關懷	保守 尊貴	聰明 核心人物	口才佳 唱反調 不服輸	有責任感 勤奮可靠 保守固執	個性急 有才華	心裡沒底 沒主見 靈感直覺
門 （八）	休門 （水）	死門 （土）	傷門 （木）	杜門 （木）	死門 （寄）	開門 （金）	驚門 （金）	生門 （土）	景門 （火）	門空亡
行動	輕鬆和諧 不積極	保守固執 死氣沉沉	積極主動 冒失	話少 保守 事藏心裡	保守固執 死氣沉沉	樂觀開朗 積極進取	口才佳 易擔心 口舌官司	生龍活虎 活躍	喜展現 有願景 或空想	多勞少穫 使不上力 沒有方法
干 （十）	甲 （戊）	乙 （木）	丙 （火）	丁 （火）	戊 （土）	己 （土）	庚 （金）	辛 （金）	壬 （水）	癸 （水）
天：外表 地：內心	主見強 喜掌控	柔順依賴 猶豫軟弱	熱情付出 沒耐性 易出亂子	溫柔和順 體貼	忠厚可靠 不易變通	想法多 點子多 花花腸子	威嚴 強硬 不服輸	創新改革 虛榮自我	聰明 任性 迷惘	不能自主 多愁善感 想不開

表格中紅色符號為吉，黑色符號為不吉，綠色符號為大凶。

圖 67：奇門符號含義表（論人）。

奇門符號含義表（斷事）

	1	2	3	4	5	6	7	8	9	0	進制
宮 （九）	坎 （水）	坤 （土）	震 （木）	巽 （木）	坤 （寄）	乾 （金）	兌 （金）	艮 （土）	離 （火）	宮空亡	九進制
象徵	艱難 沉溺	妻子 婚姻 家庭	事業	桃花 文昌 睡眠	妻子 婚姻 家庭	事業 領導 名望	口舌 是非	財富 生育 健康	事業 功名 桃花	辛勞 無收穫 無力	
六親	中男	母親	長男	長女	母親	父親	少女	少男	中女		
身體	下腹部 生殖	腹部 腸胃	手足 肝膽	肩部 腦神經 肝膽	腹部 腸胃 生育	頭部 肺部 骨頭	口嘴 腸肺 骨頭	腹部 腸胃 生育	眼睛 心血管 頭部	虛弱 無力	
神 （八）	值符 （土）	螣蛇 （火）	太陰 （金）	六合 （木）	白虎 （金）	玄武 （水）	九地 （土）	九天 （金）	值符 （土）	神空亡	八進制
象徵	主管 貴人 升遷	小人 纏繞 變化	女人 貴人 陰私	婚戀 合作	傷病 爭鬥 官非	小偷 迷糊 玄學	困守 鬱悶	出行 分離 升遷	主管 貴人 升遷	辛勞 無收穫 無力	
星 （九）	天蓬 （水）	天芮 （土）	天沖 （木）	天輔 （木）	天禽 （土）	天心 （金）	天柱 （金）	天任 （土）	天英 （火）	星空亡	九進制
象徵	凶犯 風險 破財	疾病 學習 仙佛	冒失 衝突 是非	輔助 老師 學校	保守 尊貴	財官旺 醫生	破壞 口舌 官司	責任 財富	漂亮 桃花	辛勞 無收穫 無力	
門 （八）	休門 （水）	死門 （土）	傷門 （木）	杜門 （木）	死門 （寄）	開門 （金）	驚門 （金）	生門 （土）	景門 （火）	門空亡	九進制
象徵	休閒 婚戀 貴人	低落 受阻不動 陰宅	傷害 毀損 車子（禍）	阻隔 躲藏 技術	低落 受阻不動 陰宅	開拓 工作 店面公司	口舌 是非 官司	財運 陽宅	前景 喜宴 血光	辛勞 無收穫 無力	
干 （十）	甲 （戊）	乙 （木）	丙 （火）	丁 （火）	戊 （土）	己 （土）	庚 （金）	辛 （金）	壬 （水）	癸 （水）	十進制
象徵	權貴	機會 軟弱 妻子	機會 亂子	機會 情人	錢 房子	陷阱 騙人 被騙 坑	阻隔 災禍 男人	錯誤 改革 創新	走動 困住	走動 困住	

表格中紅色符號為吉，黑色符號為不吉，綠色符號為大凶。

圖 68：奇門符號含義表（斷事）。

奇門符號含義表（風水物象）

神（八）	值符（土）	騰蛇（火）	太陰（金）	六合（木）	白虎（金）	玄武（水）	九地（土）	九天（金）		
象徵	主管辦公室 高檔物品 樹 高大／名貴 建築	光電熱物品 彎曲 纏繞物 夢 靈異	私密物精密 觀音 寺廟 女人物品	信函 傳單 盒、箱 櫃子 樹林 婚慶場所	大馬路 凶煞物 殘缺破壞物	暗藏物 陰暗處 下水道 廁所 江河湖水池	土產 五穀 低窪處	高大處 飛機 圓型可動物		
星（九）	天蓬（水）	天芮（土）	天沖（木）	天輔（木）	天禽（土）	天心（金）	天柱（金）	天任（土）	天英（火）	
象徵	雨傘 酒水 酒吧 餐飲店 娛樂風月場所	藥品 醫院 神位 寺廟 包包 袋子	樹 電線桿 柱狀直立物 能動物品	衣服 學校 寺廟 禽鳥	天井 陶瓷古董 土陶用品	圓型物 珠寶玉器 五金	聲響 毀壞物 柱狀物 有口金屬物	樓梯 門 塔 橋 坡	光電熱物品 女人用品 字畫 信函 化妝品	
門（八）	休門（水）	死門（土）	傷門（木）	杜門（木）	死門（寄）	開門（金）	驚門（金）	生門（土）	景門（火）	
象徵	江河湖水池 有水的窪地 酒吧 飲料店	死物 遺物 古宅 墳地 田野 陵園	車 車站 道路 森林 破損物	堵塞不通處 儲藏室 竹林 遮蓋隱蔽處	死物 遺物 古宅 墳地 田野 陵園	都市 機關法院 高大建築，門 開闊處，廣場	音響 音樂廳 吵鬧處	房屋 商店 街道 公園 工廠農漁場	光電熱物品 圖畫 美容院 美術館 景區 鬧區 喜宴	
干（十）	甲（戊）	乙（木）	丙（火）	丁（火）	戊（土）	己（土）	庚（金）	辛（金）	壬（水）	癸（水）
象徵	主管辦公室 高檔物品 高大／名貴 建築	花草 中藥 彎曲物 線繩 床 桌椅 布	光電熱物品 爐灶 廚房 窗 陽台	燈香 煙 文書證件 刀 尖銳物 丁字路	高土 陶瓷土 房子 牆 金錢	捲曲物 平地 地下 坑洞 容器 墳 髒亂	大路 石獅子 門窗 凶煞物 大型金屬	首飾 刀 門窗 小路 缺口物 尖銳物	江河湖水池 有水處 水龍頭 門口 圖畫	茶酒 飲料 水 廁所 陰溝 圖畫

表格中紅色符號為吉，黑色符號為不吉，綠色符號為大凶。

圖 69：奇門符號含義表（風水物象）。

奇門盤中的每一個符號，在論人、斷事時必須用人事的角度來切入，也就是說，是誰？是什麼樣的人？發生了何事？以及是何物造成了影響？

所謂物，指的是風水裡的「大太極場」，包含房子以及房子四周的地形地物。「主體」是房子，「客體」是屋外的物體，它會對主體產生正面或負面影響（其表現形式是沖、射、插等等）。在風水中，將房屋（主體）四周會對房屋造成影響的地形地物（客體）稱之為「砂」，其中會產生負面作用的物體，稱為「凶砂」。

＊房子為「主體」：房子可分為八個區塊，分別以九宮八卦方位來對應人和事。

＊屋外的地形地物為「客體」：稱為砂，其中會對房子產生負面作用的地形地物，稱作凶砂。

也就是說，凶砂從哪個方位沖射而來，那個八卦方位的人或事，就容易出現問題或狀況。

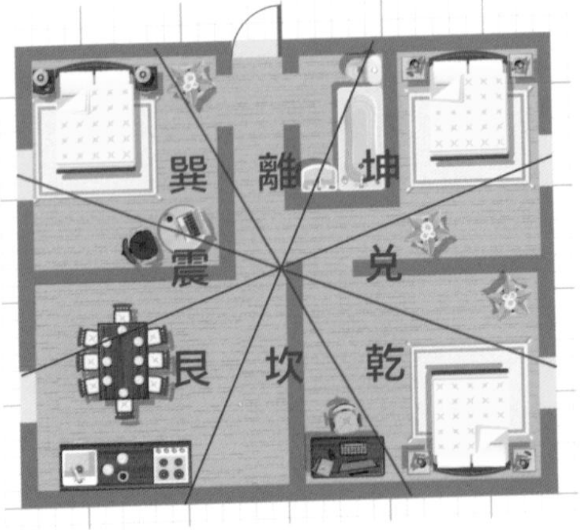

圖 70：由房子的中心點為準，分成八個區塊，分別對應八卦象徵人事。

「砂」有吉有凶，看砂的要領是，凡形狀圓、肥、方、正、形如貴器、秀麗光彩、有情向著房子者為「吉砂」，肥圓正方者主富，清奇秀麗者主貴；而空破、歪斜、傾崩、形體醜陋、破舊雜亂、形如凶器、沖射、背著房子而無情者則屬凶砂。

在此我們用上一章客戶的案例，針對客戶的長男問題，來完整示範如何整合應用前面所學，並以四個完整的步驟，從預測開始，找出人事問題，並逐一分析是什麼樣的風水所導致，最後再以風水調理，解決或改善這些問題。

步驟一 定宮位

首先第一步，就是找病處。因震宮有兩個綠色大凶符號，所以我們鎖定震宮，根據震宮象徵的人事，找出震宮可能是什麼人出了問題？發生什麼事？因震宮代表長男，為大兒子，因此我們把震宮當成名詞，當作一個「主體」、一個用來判斷的目標對象（目標對象可以是人、事、物）；而宮位裡的奇門符號就成為了「客體」，用來當形容詞，修飾或作用於「主體」，也就是大兒子身上。

奇門排盤

時	日	月	年	日期：16/01/2020 時間：09:27 局數：陽遁8局（置閏） 旬首：甲寅（癸） 值符：天輔 值使：杜門
丁	戊	丁	己	
巳	午	丑	亥	

巽 4 九地 天任 戊 休門 癸	離 9 九天 天沖 壬 生門 己	坤 2 值符 天輔 癸 傷門 辛丁
震 3 玄武 天蓬 庚 開門 壬		兌 7 螣蛇 天英 己 杜門 乙
艮 8 空o 白虎 天心 丙 驚門 戊	坎 1 空o 六合 天柱 乙 死門 庚	乾 6 馬 太陰 天芮 辛丁 景門 丙

圖 71：奇門盤論家中長男運勢，取震 3 宮為主體。

震 3	
玄武	
天蓬	庚
開門	壬

圖 72：象徵大兒子的震 3 宮。

步驟二 論人斷事

接著第二步，分析他是什麼樣的人？會遇到什麼樣的事？

因為是論斷這個「人」，我們可參看「奇門符號含義表（論人）」（圖 67）這張圖表，來判斷長男的個性和狀態。

* 震 3 宮中臨八神「玄武」，玄武為偷，喜暗中行事，偷偷摸摸，易遭騙。
* 「天蓬」為搶，膽大、愛冒險，做事不顧後果。
* 「開門」本是積極進取、心胸開闊，但天蓬為冒進、顧前不顧後，敢拚敢賭，

開門又來者不拒、不設防，天蓬＋開門，若運氣好、碰到好機會，則是大老闆、大生意人；但若運氣不好時運不濟，碰到小人，煞神玄武，天蓬凶星，則是大破敗。

若是斷事，因震宮代表「工作事業」，這時震宮可當作名詞，看作「事體」，也就是我們要判斷的目標對象。這時宮位裡的奇門符號就成為了「客體」，可當作形容詞，用來修飾或作用於「事體」工作事業這件事。

因為是論斷這件「事」，我們可參看「奇門符號含義表（斷事）」（圖68）這張圖表，來判斷震宮所象徵的工作事業狀態。

* 「玄武」，玄武為偷、為騙，做生意或事業容易犯小人，遭騙，而且是迷迷糊糊被騙。
* 「天蓬」敢於涉險，敢賭，易破財破敗。
* 「庚」天干，又代表阻隔，路上有大石頭擋道，或出門遇阻、碰壁（庚為陽金，銅牆鐵壁，遇庚，碰壁；金屬質硬，庚金也可為大石頭）。
* 「開門」代表開店面、開公司、開工廠、開創事業，加上震宮也代表事業，

所以把符號串起來聯想，可能會有涉險破財破敗之事（天蓬），或有被偷被騙之事（玄武），遇到障礙、阻隔、過不去的坎。至於在哪方面？訊息皆明白指出了是在工作事業上（震宮＋開門）。

步驟三 查其因由

所謂查其因由，就是依照震3宮內的奇門符號，找出房子的相應方位上，有沒有奇門符號所指出的風水物象。

我們以宮位中「八卦」（此例為震3宮）所象徵的人事為主體（象徵工作），以宮位中的奇門符號為客體，用來形容、提示這件事是屬吉還是凶（玄武＋天蓬＋庚）。

奇門符號已顯示出工作事業上遇到的狀況，但造成這個現象的原因，其實來自於個人所居住的房屋風水。

更準確地說，是在自己所居住的房子的東方（震3宮為東方），有破壞或沖射「主體」房子的凶砂「客體」（落於房子東方的地形地物）。凶砂從東方沖射而來，則該方位所象徵的人事，也就是事業工作就容易出狀況。

為了找出房屋東方有沒有奇門符號所指示的風水物象，我們得換另一個角度，把奇門符號當地形地物和風水物象來看。也就是說，在房子東方有什麼東西是「玄武、天蓬、開門、庚、壬」？

以房子為中心點，往東方外一看，房子的外面剛好有一處閒置廢棄的鐵皮屋工廠，而且工廠前還有一條呈反弓的道路沖射而來。Bingo，找到原因了！參看「奇門符號含義表（風水物象）」（圖69）可知，玄武為陰暗、醜陋；天蓬為髒亂、雜亂、破舊；開門為工廠；庚為金、為鐵；庚、壬也為道路，那不正是一間廢棄老舊、破亂雜亂的鐵工廠帶著反弓直沖射房子而來嗎？

步驟四 風水化解

傳統中，針對房子內外局出現的形煞、凶砂，有「移、遮、擋、避」幾種方法可以化解。

* 移：將有害的物品移至無害的方位或丟棄。
* 遮：如窗外有不利的形煞，不能拆移時，則用遮的，像是坐在客廳即見外頭的水塔或高壓電塔，不妨在客廳外頭加裝雨遮，解決視覺上的不舒適。
* 擋：擋跟遮的做法很像，像是在門前或在開窗處擺綠色盆栽（如圖73）。
* 避：避就是移開，或換個方向，例如路沖到大門，直接將大門轉個方向或移開。
* 形煞除了有傳統的「移、遮、擋、避」等方法化解，還可運用「奇門遁甲」的「移星換斗大法」化解。

有什麼樣的事就有什麼樣的象（符號），有什麼樣的象（符號）就有什麼樣的地形地物。依此四步驟，便可有系統地從找病處，以人追事、查其因由，最後再運用適當的風水調理法予以化解了。

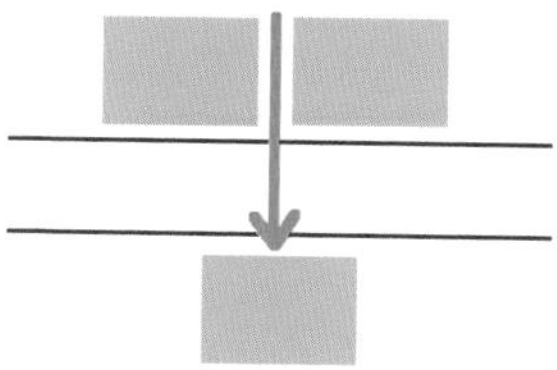

圖 73：對面兩棟大樓的夾縫煞，造成中間的樹枯死，可擺放綠色植物擋煞。

在天垂象，在地成形，在人應事！
凡有其事，必有其象，有其象必有其物，觀物定象可以知吉凶！

第三節 奇門選房：快速判斷房屋吉凶

首先，當我們面臨選房時，不論是有數個或只有一個房子要挑選，都可以先用奇門鎖單宮的方式，看看某一間陽宅整體的狀態好不好？有沒有問題？也就是將一個宮位當作一間房屋來判斷吉凶優劣。

因此，只要心中已有標的物，起心動念時，便可用當下的時間來起盤，不需另外考慮房子的建成日、交屋日、或是屋主遷入等等因素，非常簡單！

起盤後，借由奇門盤判斷「陽宅」理不理想？適不適居住？大方向上可以優先考慮兩個原則：

＊首選有「休、生、開」三吉門所在的宮位。

＊避開「空亡、白虎」的宮位，宮位內只要見白虎、空亡，就不予考慮。

判斷「陽宅」理不理想、適不適居住，就跟挑選哪一個工作比較好一樣，可以用前面章節的「報數鎖單宮」，報一個數鎖定一個宮位，這個宮位就代表這間房子，報第二個數就鎖定第二個數字的對應宮位，依此類推，同樣以宮位內紅色吉符號越多越高分。

報數鎖單宮法

報數鎖單宮，該宮位便可反映出房子目前的狀態，是否理想？適不適居住？

＊第一步，起出奇門盤。

＊第二步，心中從1～9取一個數字，這個數字就代表那間房子在盤中以哪個宮位作為代表。

最後，解讀宮位中的符號，便可得知陽宅的內外環境好壞。

例如，有兩間心儀的房子，但不知道該買哪間，這時可以用起心動念發問的時間來起奇門盤，同時報出兩個數字。假設報的數字為3跟6，那麼3就代表第一間房子，6就代表第二間。

奇門排盤

時	日	月	年	日期：17/03/2020 時間：02:12 局數：陽遁4局（置閏） 旬首：甲子（戊） 值符：天輔 值使：杜門
乙	己	己	庚	
丑	卯	卯	子	

巽 4 螣蛇 天英　癸 生門　戊	離 9 太陰 天芮　己丙 傷門　癸	坤 2 六合 天柱　辛 杜門　己丙
震 3 值符 天輔　戊 休門　乙		兌 7 白虎 天心　庚 景門　辛
艮 8 九天 天沖　乙 開門　壬	坎 1 九地 天任　壬 驚門　丁	乾 6　空 o 玄武 天蓬　丁 死門　庚 馬

圖 74：報數鎖單宮選房。

第一間房子的代表數字是3，因此取「震3宮」，宮位內全是紅色屬吉的符號，一看就是個絕佳的好房子！

震 3	
值符	
天輔	戊
休門	乙

圖 75：第一間房為震 3 宮。

宮位內有「值符」，「值符」就是高貴、名貴的；「戊」為陽土，代表地上物、房子，「值符＋戊」，極可能是價格不菲的豪宅。

「休門」代表休憩娛樂的地方，對應住宅區可以休憩的所在，多半是指公園；此外，「戊」為陽土，也是指大片的土地、廣場；「乙」屬木、為花草樹木，「戊＋乙」代表這間房子可能鄰近公園，有草坪、有植物，綠意盎然。

「天輔」同其字意，「輔」就是輔導教學，也代表學校或文教區，所以可能鄰近學校單位，是知名學區（值符＋天輔）。

因此，這個宮位勾勒出的這一戶房屋，是知名建案或豪宅（值符＋戊），附近環境清幽，有花草樹木有公園（休門＋戊＋乙），為優良學區（值符＋天輔），看來是個很棒的選擇。

第二間房子的代表數字是6，因此取「乾6宮」，放眼一看，宮位內一片綠油油，看起來不優。

乾 6	空 o
玄武	
天蓬	丁
死門	庚
	馬

圖 76：第二間房為乾 6 宮。

乾6宮中的符號可以描述第二間房子的內外環境。「丁」可取丁字的形狀；「庚」為道路，此處又有「馬星」，所以這間房子很可能鄰近丁字路口，甚至就是丁字路口的交叉「路沖」處；宮位內還有「死門」，象徵無尾巷或死路。

而「玄武」為昏暗看不清楚、醜陋；「天蓬」為雜亂、破舊，所以這間房屋可能採光不佳，臨近酒吧、市場或夜市。

乾宮臨「死門、空亡」，可能代表此屋年久失修，死氣沉沉（死門）；空亡代表不聚氣，或缺角、低陷，空亡就是漏氣、漏財，房子整體狀況或居住環境不佳，看來這並非一個好選擇。

綜合以上分析，當選第一間房子為佳。

方法二 方位鎖單宮法

前面所教的「鎖宮位」法，是運用最簡易的「報數法」，其實斷事、做決策還有很多種技巧，而採取哪一種方法才適合，最好是根據不同人、事、物，取其最明顯的特徵來鎖定對應的宮位！

比方說，問測者前來問事，可用該問測者的年命（出生年的年天干）；若要詢問房屋狀況，便可用房屋的方位或坐向。

房屋、陽宅、建築物的其中一個最大特徵，就是房子有地理上的「位置」，以及房子有「朝向」（方位）。在奇門盤中，八個卦八個宮位，也對應八個方位，因此用方位來鎖單宮，判斷房子在我的什麼「位置」或「方位」，便可看出這間房屋所對應的宮位，並藉此斷其吉凶。

例如，今天想要知道某間陽宅的狀況，而這間房子剛好位在我目前所處位置（我家）的「東北方」時。此時只要打開奇門APP，起出奇門盤，鎖定代表東北方的宮位「艮8宮」，接著判讀「艮8宮」中的符號，便可判斷這間房子周遭的環境、狀態，以及對住在裡面的人有何影響，這就叫「方位鎖單宮法」。

奇門排盤

時	日	月	年	日期：06/03/2020
丁	戊	己	庚	時間：09:02 局數：陽遁4局（置閏） 旬首：甲寅（癸）
巳	申	卯	子	值符：天英 值使：景門

巽 4 六合 天心 庚 死門 戊	離 9 白虎 天蓬 丁 驚門 癸	坤 2 玄武 天任 壬 開門 丙己
震 3 太陰 天柱 辛 景門 乙		兌 7 九地 天沖 乙 休門 辛
艮 8 空 o 螣蛇 天芮 丙己 杜門 壬	坎 1 空 o 值符 天英 癸 傷門 丁	乾 6 九天 天輔 戊 生門 庚 馬

圖 77：方位鎖單宮選房。

在此例中，「艮宮」中有「天芮」，可能是房屋附近靠近廟宇；八神臨凶神「螣蛇」，可能代表附近的廟宇並不是什麼「正神」。

此外，宮位空亡，已符合奇門看陽宅，逢「空亡」不推薦的大原則。因為空亡就是不聚氣、氣散、漏氣、漏財，好的房子追求藏風聚氣，所以綜合以上兩點，這是一個無法讓人安住的地方。

當然，換個情況，如果有數個選項，依然可以依房子的方位鎖宮位。例如現在正考慮買房子，分別在不同區域有考慮的物件，一個在我家的北方，另一個在我家的西方，則分別可以鎖定「坎1宮」（北方）和「兌7宮」（西方），兩個宮位各別代表這兩間房子，逐一分析這兩個宮位，便可清楚選哪間房較合適。

以上兩種方式可以視情況任意選用，但務必在開盤前自己心裡先設定好，莫再變更，用哪種就確定哪種，二擇一即可。

第四節　如何判斷房屋內部格局好壞

陽宅三要

判斷一間房屋內部格局的好壞，首先要了解什麼是「陽宅三要」，這是陽宅內局必看的三個最重要的地方，分別是：

❶ 大門

❷ 主臥室

❸ 灶（廚房）

「陽宅」內局最重要、必須優先評估的三個地方，稱為「陽宅三要」，也就是大門、主臥和廚房。而其中最重要的，又以大門為重中之重，因為大門就像一間房子的鼻孔和嘴巴，為這間房子最主要的「納氣口」。正因如此，若我們以「九宮奇門」之法來判斷陽宅「大門」所落的宮位，沒有凶象、沒有沖射，甚至為吉，那麼這間屋子就可以稱得上是及格的風水了。

若要再細看，則要納入主臥室、廚房一同參看，最好三個重要之處都沒有問題，因為主臥室或臥室往往是家裡待最久的地方，而廚房更是攸關女主人的風水之處，因此這三個位置是一間房屋風水首要考量的地方。

什麼是好的陽宅條件

稱得上氣場好、物件為吉的陽宅風水條件有：

* 大門所對應的奇門盤宮位之中，臨吉神（值符、太陰、九天、六合）、吉門（休、生、開），以及乙、丙、丁三奇，且不見形煞。
* 其次看主臥與廚房，此二處對應的奇門盤宮位之中，臨吉神（值符、太陰、九天、六合）、吉門（休、生、開），以及乙、丙、丁三奇，且不見形煞。

氣場差、物件為凶的陽宅風水條件是：

* 空亡：漏氣、不聚氣、不聚財、不發達、不和睦。
* 馬星：馬星為動，家應當是休養生息之處，有馬星，代表奔波，或是人常常在外，待不住、喜歡往外跑，對一個家庭來說不一定是好事。
* 天芮星：天芮落在「陽宅三要」的宮位，代表這間屋是「病屋」，而落在哪

個宮位就代表家中哪個成員容易出現問題，讀者們可參照「奇門盤看全家人」的方式去判斷（例如天芮落艮宮，則三兒子可能天生體弱，老是生病）。

有了這些認識，接下來要如何看一間房屋內部格局的好壞呢？

當你真心覺得某間房子不錯，認真考慮要購買時；或是想知道目前自己住家房子內部格局的好壞時，這時便可以起一個奇門盤，用一張奇門盤的八個宮位，來看房屋內部各個空間的風水優劣。

舉例來說，起盤時間為二〇二〇年三月十六日下午十七點二十三分。

奇門排盤

時	日	月	年	日期：16/03/2020 時間：17:23 局數：陽遁 7 局（置閏） 旬首：甲寅（癸） 值符：天沖 值使：傷門
辛	戊	己	庚	
酉	午	卯	子	

巽 4 六合 天芮 壬丙 死門 丁	離 9 白虎 天柱 戊 驚門 庚	坤 2 玄武 天心 乙 開門 壬丙
震 3 太陰 天英 庚 景門 癸		兌 7 九地 天蓬 辛 休門 戊
艮 8 空o 騰蛇 天輔 丁 杜門 己	坎 1 空o 值符 天英 癸 傷門 辛	乾 6 馬 九天 天任 己 生門 乙

圖 78：奇門盤對應陽宅內佈局。

以上這張奇門盤便可看作這一戶陽宅的平面圖，盤中各個宮位所代表的方位，便是這間陽宅上的絕對方位。

巽 4 宮 東南	離 9 宮 南	坤 2 宮 西南
震 3 宮 東	中	兌 7 宮 西
艮 8 宮 東北	坎 1 宮 北	乾 6 宮 西北

巽 4 六合 天芮 壬丙 死門 丁	離 9 白虎 天柱 戊 驚門 庚	坤 2 玄武 天心 乙 開門 壬丙
震 3 太陰 天英 庚 景門 癸		兌 7 九地 天蓬 辛 休門 戊
艮 8 騰蛇 天輔 丁 杜門 己	坎 1 值符 天英 癸 傷門 辛	乾 6 九天 天任 己 生門 乙 馬

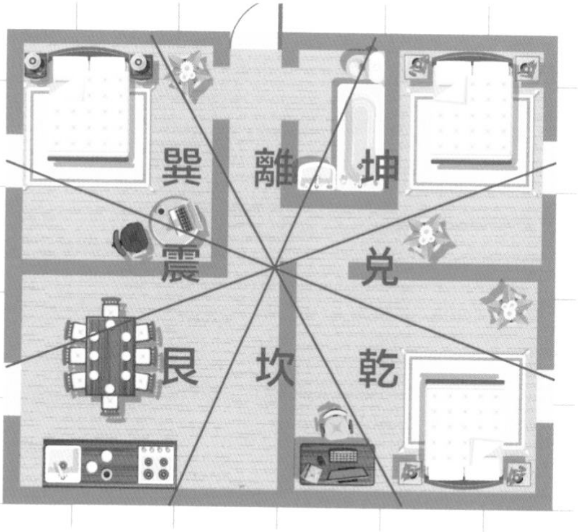

圖 79：奇門盤中的宮位，對應陽宅內部格局方位。

由此我們可以得知，此戶的「陽宅三要」所在位置，分別是：

* 大門在「離 9 宮」。
* 主臥在「坤 2 宮」。
* 廚房在「艮 8 宮」。

大門

離 9	
白虎	
天柱	戊
驚門	庚

圖 80：大門位離 9 宮，在房屋中心點的南方。

大門位「離 9 宮」，其中有「白虎」煞氣，實在不是好事！然而除了無形的煞氣，其實可以實際探查在大門「外」是否有符合「離宮」符號象意的「形煞」。「戊」為牆壁；「庚」五行屬金，為銅牆鐵壁，也為刀；加上「白虎」傷人，可能是「壁刀」，或是帶刀、尖銳的、帶刺的，往往容易引起血光意外，如開刀、車禍。

「天柱、驚門」五行都屬金，都屬於會發出聲音的物件；「庚」為道路，又或是本戶鄰路，噪音問題比較嚴重。

此外，「天柱」是柱狀物；「戊」屬陽土，為地上建物；「庚」可能是指高大的建物或公設（例如電線桿、形狀不佳的路樹、對面建築類似柱狀等等）。

大門是主要的納氣口，形煞帶著煞氣一進來，整家人都可能受到影響，尤其是首當其沖的中女，也就是二女兒。若由宮位符號象意判斷，二女兒脾氣硬，執拗難馴（白虎），嘴巴得理不饒人，容易招惹是非（天柱＋驚門），很可能年輕時就離家發展（離宮＋戊＋庚）。由此也可以判斷，這家人家庭難以和睦，因為白虎脾氣硬，家人間易爭吵（天柱＋驚門），各忙各的，聚少離多，彼此疏離，感情不睦（離宮＋戊＋庚）。

「離宮」在生活的八大領域中，除了代表「名聲、功名」，離宮也是風水學裡的朱雀位，主口舌官司，「離宮」的符號組合也容易受到他人詆毀，發生口角爭執，嚴重者甚至面臨官司訴訟（白虎＋天柱＋驚門）。

歸納起來，當流年不利時，此家人易犯血光意外、爭執打鬥或官司口舌，尤其是二〇二〇年，庚子年剛好是應期，犯白虎煞，傷災難免。

陽宅最忌諱大門宮位內見白虎，屬大凶，特別門外又見凶砂、形煞沖射而來，流年一到，大大不利！

主臥室

坤 2	
玄武	
天心	乙
開門	壬丙

圖 81：主臥室位坤 2 宮，在房屋中心點的西南方。

主臥室位「坤宮」，不見綠色大凶符號，多為紅色屬吉符號。「天心」的心為核心、貴重之意；「開門」為開闊；「乙」為藝、屬藝術類精緻的；「丙」為陽火，為陽光、玻璃，因此可推論主臥室寬敞開闊，裝潢氣派高貴，藝術精緻，還有落地窗，採光充足。

廚房

艮8	空o
螣蛇	
天輔	丁
杜門	己

圖82：廚房位艮8宮，在房屋中心點的東北方。

廚房在陽宅內局中視為財庫，也代表女主人健康，女主人是否喜歡在廚房做菜，全家人是否常在一起用餐等，都代表著廚房在陽宅內局中所佔的重要地位。

廚房位在「艮宮」，此處逢「空亡、螣蛇」，又有「丁＋己」，丁為火，己為口，丁＋己，可為爐口，螣蛇為不穩定，空亡為沒在使用，代表女主人不常在家煮食，或全家人較少在家裡用餐；廚房可能像是儲藏室（杜門為遮蔽、隱藏），或後陽台（己為陽台）有曬衣繩（螣蛇＋天輔，為條狀物，丁為光照，形狀也類似衣架）。

廚房象徵財庫，而「艮宮」在生活的八大領域中，首先代表「財產、不動產」，逢螣蛇、空亡，代表財產收入不穩定，財來財去（螣蛇為不穩定，空亡為少、為缺，為沒有）。

廚房也代表女主人的健康，尤其「艮宮」也代表後代、子嗣、生產，「艮宮」逢「空亡」，媽媽可能流過產，或此戶人家生女兒沒生男孩（古人以後代有丁為有後），或是兒子很早就離家（空亡也可能是已不在）。

結論

我們從第一章最基本的「鎖單宮」斷一件事情的吉凶成敗入手，了解如何辨事之吉凶；再經由「造單宮」從手機號看一個人的個性運勢，進而了解如何論人之性格運勢。接著，從看一個宮位，延伸至看整個奇門盤的八個宮位，從事的角度「看一個人的八大生活領域」，從人的角度「看全家人的運勢狀態」，既學會判讀事件，也學會判讀人的運勢個性。最後，我們再利用「奇門盤」宮位本身就帶有空間定位的特性，將其與風水陽宅結合，分析解讀居家風水的內外環境，藉以預防或改善所可能導致的人事現象。

由淺入深，由一個簡單的基礎開始，逐步開展，一法通，萬法通。

恭喜各位讀者，開卷至此，已然一窺奇門遁甲無窮的威力。而「九宮奇門」也為讀者們提供了一個玄學數術的萬能鎖匙，九宮奇門就像是您進入東方玄學的入口網站，從第一章至第五章，已涵蓋了一位數術專家行走江湖必備的三大領域。

＊卜卦（文王卦、金錢卦、塔羅牌）。

＊算命（八字，紫微，占星）。

＊風水（八宅，紫白，玄空）。

請各位務必多多練習、好好掌握，奇門遁甲將可為各位打開無窮無盡的可能性。趨吉避凶固然值得欣喜，但更重要的，是能夠讓這個簡單、好用、擴展性無窮無盡的工具，協助各位把握人生，開創光明正面的未來！

第 6 堂課

運用奇門找桃花位，佈風水局催旺桃花

第一節 奇門遁甲的萬物相干論

上一章我們運用奇門盤，依據問測者所提問的事件，進而找出引發問題的風水，並且針對問題化解調理。不過奇門遁甲的用處並非只有這麼簡單，奇門遁甲不只可以解決問題（減法，把不好的拿掉、避開），還可以幫助我們增補運勢，助自己心想事成（加法，把好的拉進來、啟動它）。

本章中，我們將由另一個角度切入，為各位讀者們介紹如何運用奇門風水佈局，來幫助我們達成心願。本章會由如何「選局」開始，教各位尋找有利的奇門時空及宮位，並運用奇門風水催發的原理，催財、催官、催桃花、催文昌、催子、店面催客等等，進行一系列在風水佈局催運上的應用。

奇門遁甲為什麼可以佈局？其原理又是什麼？讓我們先從易經裡的一句話說起，對易經稍有研究的人應該都對這句話不陌生：

在天成象，在地成形，在人應事。

古人認為，人秉天地而生，天、地是構成及影響生命現象與變化的基本要素及原因！「天」指的是萬物賴以生存的空間，包括日月星辰運轉不息，四季更迭而不亂，也象徵著「時間」；「地」指的是萬物藉以生長的地理條件，包括山川大地和各種物產，象徵著「空間」。

圖 83：As Above, So Below。

As within, so without;

as above, so below.

如其在內，如其在外；

如其在上，如其在下。

這句話是古代西方鍊金術的宇宙觀：「外面等於裡面，下面等於上面。」如果有一根樹，你想知道它長的有多高，只要往下找它的根，看它深植於地底多深就明白了。

因為天與地像鏡子一樣，彼此互相映射，上下顛倒，而且最重要的是「同構」，構造相同，彼此互相影響，互相干涉。所以天有什麼天象，地就可能會有什麼地形，人居天地之中，人身之內這個小宇宙，也與天地這個大宇宙同構，並且時時刻刻交換訊息與能量，彼此互相影響干涉。

所以「在天成象，在地成形，在人應事」，有什麼天象，就可能有什麼樣的地形，人居其中，就可能會有什麼樣的事發生！天上日月星辰沒法改，那就選擇地上好的地方居住，沐日月星辰所帶來的吉氣，這就叫做「風水」（陰陽宅，尋龍點穴）。或是為自己打造一個好的住家環境，或擺上對應天星的風水物品與之對應，把吉氣拉進家來，這就是「奇門佈局」。

而本章要教予讀者們的佈局催運，就是運用奇門遁甲的「萬物相干論」原理。萬事萬物之間，無論是天象（日月星辰）、地象（山川大地）、人象、物象（一幅畫、一盞燈、一間房子）、意象（意念、想法）等，都是全息的、彼此互相關聯的，而且會相互作用。所有存在的一切都有一定的意識和能量，不論是書籍、食物、水、衣服、人、動物、建築、汽車、電影、運動、音樂等等，統統都有能量，而且都會對人產生作用。

天為天時，時間；地為地利，空間、位置、方位，奇門遁甲就像現代的量子時空計算器（Quantum Computer），無時無刻且即時（Real Time）的計算時空場。而我們接收天地能量的方式，就是在某特定時間，確認日月星辰的能量（用奇門符號來象徵）將運轉到某特定位置及方位，屆時只要在對應的時間，在住家找到對應的方位（宮位），擺放奇門符號象徵的物品，就能啟動它與之共振。這就像裝了一個基地發射台，將對我們有利的日月星辰能量投射到我們身上，幫助且提升我們的財運、官運、桃花運等等。

其原理就是找一個小宇宙，像是以住家為例，把住家裡擺設的物品當日月星辰（為棋子），把住家的地基當成地球（為棋盤），以小宇宙（你的住家）對應大宇宙，然後等吉時一到，看吉星運轉至何方，擺上對應的物品即可！時間、空間、物品，天地人皆備，一旦對準了，就能啟動這個奇門陣，這就是奇門遁甲佈局時空的奧祕。

第二節 選擇奇門時空找桃花位

運用「九宮奇門」佈風水局，方法非常簡單直接有效，只要選擇奇門時空佈局，設定目標用神（心中所求），例如想要催官、催文昌、催財、催桃花等，確定心中所求之後，運用奇門盤中天、地、人、神所代表的象意，也就是擺放奇門盤中符號所象徵的風水物品在對應的宮位，便可提升能量，達成所望、心想事成！

若從運用能量的角度來看「奇門遁甲」，最重要的便是運用奇門遁甲中的「奇」與「門」。

* 所謂「奇」，指的是「乙」奇、「丙」奇及「丁」奇，稱之為「三奇」，也就是「乙丙丁」三個天干。在奇門盤的宮位中，若天盤天干為三奇之一，就代表著會有好事發生，「奇」就代表奇蹟、機會、希望、光明、轉機。

* 「門」，指的是「八門」，但主要使用的是「休門、生門、開門」，稱之為「三吉門」。在奇門盤的宮位中，若見三吉門，「休門」利於婚戀感情、利見貴人；

「生門」利於生意求財；「開門」利於事業發展，適合用於開店、開公司、開工廠。

因此，若我們希望透過奇門遁甲來獲得助力，甚至扭轉乾坤時，就要用「奇」和「門」。如果只有「吉門」而沒有「奇」，叫作「得門不得奇」，但也可以算是吉利宮位，可以選用。如果只有「奇」而沒有「吉門」，這叫「得奇不得門」，算不得吉利方位，可見「吉門」比「三奇」還重要。因為「門」代表人事，代表通往我們達成願望的希望之門，所以在做任何牽涉到人事方面的「預測、佈局、出行」時，皆以「門」為重！

本章將以催桃花、引姻緣為例，介紹讀者們如何用奇門遁甲選局、擇時空、找桃花位，找利於婚戀感情的「休門」，佈局催桃花！

選擇奇門時空中的「桃花位」：休門

打開奇門盤，選擇「現時」，此時目標是「催桃花」，因此要找「休門」的所在宮位，因為「休門」是「八門」之中主掌婚戀感情的專用符號。不過以下幾點必須千萬注意：

1「休門」宮位內不能有「白虎」和「空亡o」出現，一旦有這兩者出現，這個時間則捨棄不用。

2「休門」只能出現於以下四個宮位：

＊震3宮（但不能有『戊』天干出現，有則捨棄不用）。

＊巽4宮（但不能有『壬、癸』天干出現，有則捨棄不用）。

＊兌6宮。

＊乾7宮。

3若時辰為「五不遇時」也捨棄不用，往下一個時辰的奇門盤繼續尋找。

4最好不要選「子時」（23:00~01:00）佈局。

為何「休門」只能出現在「3、4、6、7」宮，而不能出現於「1、2、

8、9」宮呢？

＊休門若在「坎1宮」，稱為「門伏吟」，「伏」就是「趴著不動」，代表停滯、做事沒有進展，所以此時在這個宮位佈局並無效果，因此捨棄不用。

＊休門若在「坤2宮」、「艮8宮」，稱為「門制」，因這二個宮位五行皆屬土，休門五行屬水，五行土會剋制水，休門在這兩個宮位被制住了，無法發揮作用，因此捨棄不用。

＊休門若在「離9宮」，稱為「門迫」，因「離9宮」五行屬火，休門五行屬水，五行水會剋火，休門在「離9宮」會破壞宮位、平台，意味著「拆台」，平台被拆了，這方位也捨棄不用。

＊最後（如圖84），即使休門出現在「震3宮」，但宮位裡同時出現了「戊」天干（不管是上面的天盤干，還是下面的地盤干都算）；或是休門出現在「巽4宮」，但宮位裡同時出現了「壬或癸」天干（不管是上面的天盤干，還是下面的地盤干都算），這兩種情況也都得捨棄不用。因為「戊」天干在「震3宮以及「壬、癸」天干在「巽4宮」都稱為「天干擊刑」，天干會刑傷、破壞宮位，平台被破壞了，這個方位不能取用。

什麼是「五不遇時」？

「五不遇時」指的是奇門盤的選用時辰剛好遇到「時」天干的五行去剋「日」天干的五行，而且是同性相剋，陽天干剋陽天干、或陰天干去剋陰天干。若選用的時辰剛好「時干剋日干」，這個時辰只能捨棄，直接往下一個時辰的奇門盤繼續尋找。

因為「時天干」為臣，「日天干」為君，時剋日為「臣欺君、臣凌君」，此時辰不利，因此必須捨棄，不用這個時辰來佈局。

奇門排盤

時	日	月	年	日期：15/04/2020 時間：07:15 局數：陽遁 1 局（置閏） 旬首：甲寅（癸） 值符：天心 值使：開門
丙	戊	庚	庚	
辰	子	辰	子	

巽 4 太陰 天任 丙 生門 辛	離 9 六合 天沖 庚 傷門 乙	坤 2 白虎 天輔 辛 杜門 己壬
震 3 螣蛇 天蓬 戊 ✕ ✓休門 庚		兌 7 玄武 天英 乙 景門 丁
艮 8 空 o 值符 天心 癸 開門 丙	坎 1 空 o 九天 天柱 丁 驚門 戊	乾 6 九地 天芮 己壬 死門 癸

圖 84：休門在「震 3 宮」，但因出現「戊」所以捨棄不用。

十天干，以單數天干「甲、丙、戊、庚、壬」為陽天干，雙數天干「乙、丁、己、辛、癸」為陰天干，兩兩一組代表一個五行：甲乙屬木、丙丁屬火、戊己屬土、庚辛屬金、壬癸屬水。

舉例來說，如果奇門盤的選用時辰剛好「時天干」為「庚」，庚為單數、為陽，五行屬金，而「日天干」為「甲」，甲也為單數、為陽，與庚一樣都屬陽天干，但甲的五行屬木，五行中金會剋木（斧頭砍樹木），而且甲、庚皆屬陽天干，同五行陽性，所以這個選用的時辰剛好就構成了「五不遇時」，此時辰不利，就不用這個時辰來佈局了。

以圖85為例，此時辰的「時天干」為「乙」，五行屬「陰木」，而「日天干」為「己」，五行屬「陰土」，五行之中木剋土，且此時辰又剛好是同性相剋，陰剋陰，所以此時辰不利，須捨棄不用，不用管「休門」在哪宮，所有宮位都不用再看了。

▶ 五不遇時

時天干	日天干
庚（金）	甲（木）
辛（金）	乙（木）
壬（水）	丙（火）
癸（水）	丁（火）
甲（木）	戊（土）
乙（木）	己（土）
丙（火）	庚（金）
丁（火）	辛（金）
戊（土）	壬（水）
己（土）	癸（水）

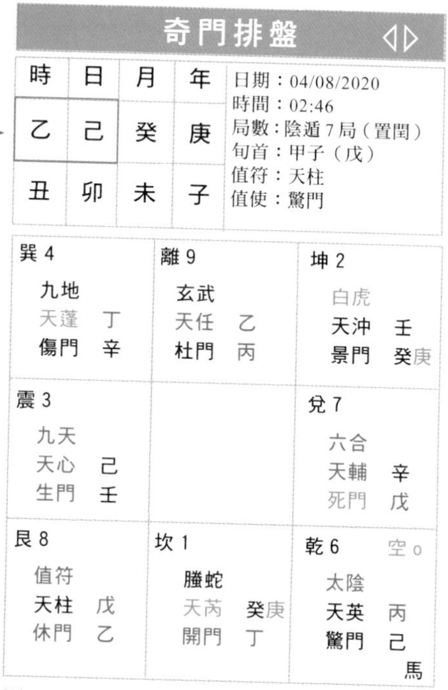

圖 85：若時辰為「五不遇時」，捨棄不用。

了解如何「選局」，也就是選擇有利的「奇門時空」找桃花位「休門」的重點之後，以下便以圖86來舉例說明：

1 首先，打開奇門盤，選擇「現時」，例如當下時間為：二〇二〇年四月二十九日中午十二時四十七分，那麼會得到的「奇門遁甲式盤」便如下圖86：

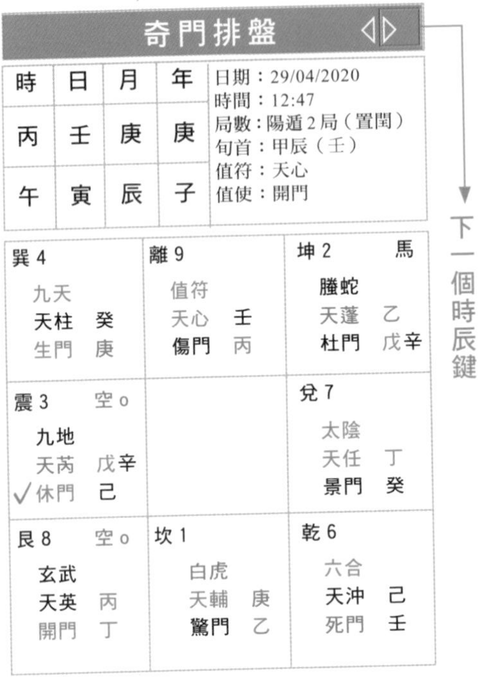

圖 86：打開奇門盤，找到「休門」宮位。

2睜大眼睛，找宮位中有「休門」的宮位。

3找到「休門」所在宮位之後，我們必須檢查宮位內是否有「白虎、空亡o」，若有，則捨棄不用。

4休門在「震3宮」，但宮位內卻有「空亡o」，在空亡的宮位裡佈局，可想而知，期望會落空，這是沒有效果的。

這時怎麼辦？沒關係，找下一個時辰！直接點選奇門APP右上角的下一個時辰鍵，繼續尋找下一個時辰的奇門盤。這就像結婚翻農民曆一樣，一個接著一個日子選下去，直到找到好日子，只不過我們現在用的奇門式盤是以時辰為單位而已。

目前普遍市面上的「奇門遁甲APP」多半都設置有「下一個時辰」的按鍵，只要持續一直撥選到符合所有條件的時辰盤局即可！

5直到找到圖87這個二〇二〇年五月二日下午十九點的奇門式盤才可取用，因為：

休門宮位內沒有「白虎、空亡o」，可用！

休門在震3宮，且震3宮天盤干、地盤干皆不見「戊」，可用！

時天干「丙」為陽火，不會剋日天干「乙」的陰木，不構成五不遇時的條件，可用！

巽 4 宮 東南	離 9 宮 南	坤 2 宮 西南
震 3 宮 東	中	兌 7 宮 西
艮 8 宮 東北	坎 1 宮 北	乾 6 宮 西北

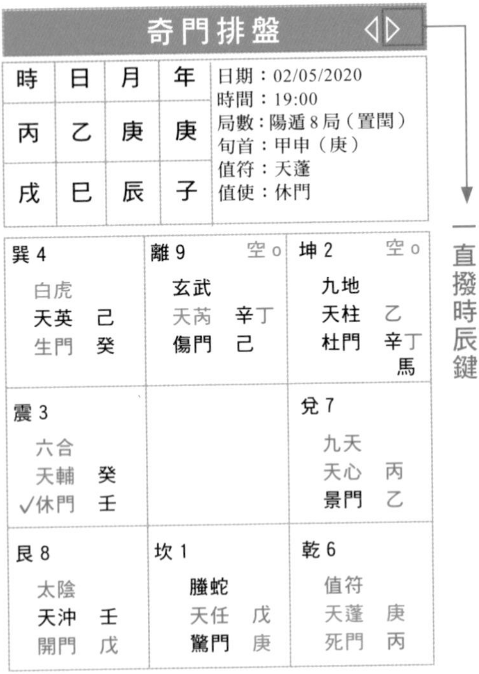

圖 87：找到「休門」宮位，一直撥選到符合所有條件。

這樣便完成尋找「休門」的步驟，成功選到一個適合佈桃花局的奇門時空局！時間為二〇二〇年五月二日下午十九至廿一時，此時辰的桃花位（休門所在的宮位），位於住家的東方（震3宮）。

接下來就開始在住家（或臥室）的東方（桃花位）開始佈桃花局吧！

第三節 吉時吉方位佈桃花局

佈桃花位的幾個步驟：

1在家的中心點（或臥室）下羅盤，找到標示桃花位「休門」所在的方位。

2於選定的時辰之內，在家中（或臥室）的桃花位「休門」所在方位，擺上象徵婚戀愛情的風水物或圖畫。

3本人親自啟動「桃花局」。

步驟壹　用羅盤在住家中心點（或臥室）尋找桃花位

＊佈桃花局的場地可以以「整個家」或「整個臥室」為範圍（稱為太極場）。在家的中心點（或臥室中心點）下羅盤，依據羅盤，將整個住家（或臥室）像切蛋糕一樣，切成八大塊，然候標示出桃花位「休門」所在的方位。

＊以前面所找到的時間二〇二〇年五月二日下午十九至廿一時為例，此時辰的桃花位（休門所在的宮位）就位於住家的東方（震3宮）。如圖88所示，標出震3宮的位置。

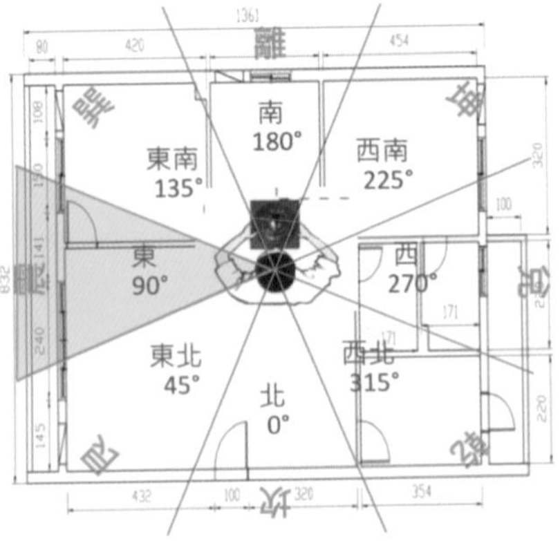

圖 88：在家（或臥室）的中心點下羅盤，標示出「休門」所在方位。

找住家（或臥室）的中心點位置並不難，可以用「走幾步」或「數地磚」的方式大約丈量。例如住家（或臥室）的長度為30步，寬度為20步，則分別除以2，再走一遍，在長15步及寬10步的地方就是住家（或臥室）的中心位置了。

或者更簡單的，從手機下載一個簡單的羅盤APP，記得必須是一個「羅盤」而不是「指南針」，因為羅盤才會清楚劃分八個方位，而指南針只能指出南北的度數，那麼每個方位從幾度到幾度還得自己推算，實在太麻煩了！

羅盤所切出來的八個方位就象徵八個宮位，一個宮位的範圍各涵蓋22.5度，總共涵蓋45度夾角的扇形空間，就像一片蛋糕的形狀。

正北	坎卦	337.5 ～ 22.5 度
東北	艮卦	22.5 ～ 67.5 度
正東	震卦	67.5 ～ 112.5 度
東南	巽卦	112.5 ～ 157.5 度
正南	離卦	157.5 ～ 202.5 度
西南	坤卦	202.5 ～ 247.5 度
正西	兌卦	247.5 ～ 292.5 度
西北	乾卦	292.5 ～ 337.5 度

下載的羅盤越簡單越好，最好是只顯示八個方位的羅盤，畢竟太多層太複雜了，一般讀者們沒學過風水容易眼花撩亂。

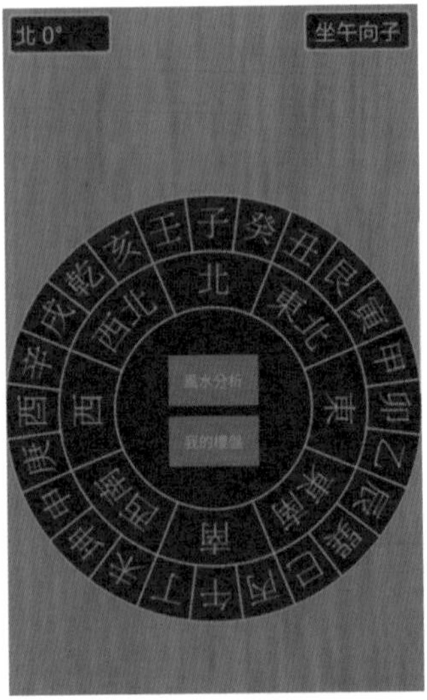

圖 89：選用簡易羅盤 APP，挑選只劃分八個方位的即可。

找到中心點的位置後，將羅盤平舉於胸，標出桃花位「休門」所在的方位，像以前面的震 3 宮為例，在東方的 45 度夾角範圍內，就是我們要佈局擺陣地的方位。

選定奇門時間、找到桃花位「休門」所在位置，接著準備好象徵愛情的風水物，等吉時一到，把風水物擺在特定位置，這樣就算佈局成功了！

時間：二〇二〇年五月二日下午十九至廿一時。

奇門時盤是以時辰為單位，每個時辰是兩個小時，時辰一律以單數小時起算，佈局最佳時間，為每個時辰的中間時間，例如上例十九至廿一時，可在二十時整點時間一到，擺上風水物！

擺放風水物的位置，最好是該方位45度角內正中央那一條線上，距離則是離太極中心點越遠越好，盡量靠牆並擺放於櫃子或茶几上。務必記得風

23:00 ~ 01:00 子時	11:00 ~ 13:00 午時
01:00 ~ 03:00 丑時	13:00 ~ 15:00 未時
03:00 ~ 05:00 寅時	15:00 ~ 17:00 申時
05:00 ~ 07:00 卯時	17:00 ~ 19:00 酉時
07:00 ~ 09:00 辰時	19:00 ~ 21:00 戌時
09:00 ~ 11:00 巳時	21:00 ~ 23:00 亥時

水物不可擺在地板上，因地氣比較混亂，擺放位置的高度至少需在膝蓋以上為佳。

若是太極點的丈量法是用粗略走步計算的，那麼可能會有些微的誤差，因此擺放風水物的位置最好在方位夾角的正中間線上，離中心點越遠越好，這樣即使方位的左右線偏左或偏右，風水局擺的位置也不至於跑到別的卦位和方位去。

風水物或圖畫必須包含以下元素：

* 「鮮花」，最好在花瓶內插上鮮花，千萬不要選乾燥花，新鮮的花才是真桃花。
* 象徵婚戀愛情的「男女甜蜜合照」以及一對「天鵝」的擺飾。
* 象徵愛情的「粉紅色水晶球」。

佈局重點：

* 一定要擺鮮花，千萬別擺假花或乾燥花（假情假意）。
* 男女甜蜜合照可從網路上搜尋下載，或是可以把自己喜歡的對象類型自己P

圖P上去，看起來像兩個人的甜蜜合照。

＊可以的話，再加上一對天鵝的擺飾，任何材質、顏色皆行，只要造型是天鵝即可（但千萬別擺鴛鴦，鴛鴦濫交，不專情）。

＊最後加上一顆粉紅色水晶球，或是七星陣粉紅水晶球也行。

圖 90：愛情桃花風水物佈局。

步驟參 當事人親自啟動桃花局

＊選定的奇門吉時一到，將象徵桃花的風水物品：鮮花、合照、天鵝、粉紅色水晶球放在桃花位（休門）所指示的方位上。

＊佈局物品放好後，點上一炷香，拿香在佈局物品的周圍繞八字形 ∞（無窮大符號）三圈。

＊繞圈同時，唸六字大明咒「嗡嘛呢唄咪吽」九遍。

＊祈願，許下心願。

如此便大功告成，成功佈好桃花局了！佈局後一般可在三個月內見效。

以上原則最好全部遵守，若真是無法完全符合，請記得：心誠則靈，心念誠意大於一切！只要你相信，就一定能成，儀式規矩只是形式，心意最重要！

催桃花局的「宮位符號」最佳組合

用奇門盤APP尋找佈桃花局的時間和方位，重點在看「休門」所在宮位內的符號是不是符合要求，若是符合之外還有更多加分的符號，那麼助力更強，效果更好。

＊宮位：兌7宮，兌卦的意義之一是「悅」，喜悅的意思，兌卦又主交往、交際。

＊八神：六合，六合本身就代表月下老人，是媒合之神，主婚戀感情。

＊九星：天英星，天英星就是一顆桃花星，有天英星加持，混身散發出桃花沐浴之氣，招手成親。

＊八門：休門，氣氛和諧，可以營造談戀愛的氣氛，能打開桃花之門。

＊天干：天盤乙丙丁三奇之一，不要見庚。乙、丙、丁三奇皆代表奇蹟、機會、希望、光明、轉機，都代表情人。

因此，只要找到合適的盤局，休門所在之處沒有碰到任何「不利符號」，而且還有最佳組合的助力符號，那可是天選良機，務必好好把握。

如同筆者不斷強調的，大道至簡，奇門既然可以催桃花，那麼催官、催文昌、催財等又有何難？本章雖以催桃花為例，但讀者可以舉一反三，想想催官、催財、催文昌等可以如何進行風水佈局。只要理解奇門符號的含義，鎖定目標符號及方向，不只能用風水化解人事方面問題，更能自己造運改運，貴人何須外求？只要好好掌握奇門遁甲的奧祕，由淺入深，做自己的貴人，有朝一日還能助己助人，做身邊親朋好友的奇門貴人！

第 7 堂課

選擇奇門吉時吉方位，洽公談判考試萬事皆成

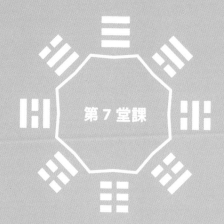

第一節 什麼是奇門出行訣

奇門出行訣又名「大氣造運術」，這是一種簡單、實用、犀利又效果絕佳的奇門改運的應用！在此先介紹一段應用奇門出行訣的著名案例，網路上也有這段歷史的記載：

《煙波釣叟歌》曰：「急則從神緩從門。」

《奇門遁甲統宗》指出：「如逢急難，宜從值符方下而行。」

此時的延安、此時的毛澤東，面對胡宗南廿三萬大軍壓境，十幾個敵師逼近，砲彈落到了他的窯洞前，可謂是緊急，而且是萬分危急，此刻的遁甲時局，值符落正北，天輔星臨之，完全符合毛澤東率眾向北轉移的路線。

杜門在東北，它為保密之門、藏形之方，利於藏形隱跡，六儀乙加丙為「奇儀順遂」的吉格，日月兩奇皆臨，更是大吉，亦是撤退的好去處。所以此時此刻的行走路線，完全符合了奇門遁甲局的指導原則。

據毛澤東身邊警衛人員的後來回憶，撤離當天，毛澤東明明在當天上午就可以撤離，但奇怪的是他卻一直拖延到晚上七點半左右才下令出發，而當天一整天其實並沒什麼事。

最令人匪夷所思的是，就在毛澤東這邊一出發，國民黨那邊的所有美製的信息跟蹤儀器就完全失靈了，眼睛能看見毛澤東的小分隊（崑崙縱隊）在前面走，胡宗南在後面瞪眼就是追不上，毛澤東真的就在胡宗南的眼皮底下遠走高飛了！

這是毛澤東親自運用奇門遁甲，進行擇時擇方出行的生動體現。

當時毛澤東運用奇門遁甲，選擇時間及方位，從杜門出行（東北方臨杜門），乙加丙，乙為日奇，丙為月奇，日月兩奇皆臨，「奇儀順遂」更是大吉，正是撤退的好去處。

奇門用於調理風水，例如前面章節的風水化解、風水催運，這乃是奇門在「住家風水」的「靜用」；而用於出行、出門辦事，則是奇門在「人」的「動用」。

只要出門辦事，不管辦任何事，想要心想事成、提升運勢、增加勝算，都可以選擇有利的奇門時空，選擇有利的時間、往有利的方位（宮位中有休生開三吉門之一）去辦事，則戰必勝、功必克！

在今日，奇門出行訣可用之處更為廣泛了，學會擇時辨方，選擇有利的時間和方位去辦事，可助自己事半功倍！例如接洽客戶、銷售談判、公司會議、開市開工、考試面談、投資買賣、相親結婚、求醫祛病、拜拜祈福、出差旅遊等等，都可以運用奇門出行訣、大氣造運術。

有位於海外任職的行銷總監，每次新品一上市，都會依照奇門盤所指示的時間及方位去找飯店辦「新產品發表會」，幾年來只要新品一上市，無一不熱銷，業績呱呱叫，一路升官讓他超速地當上了總經理。祕書覺得很奇怪，有時候明明就有比較好的飯店可以選擇舉辦「新產品發表會」，為什麼反而要挑比較小的飯店來辦？殊不知她的老板就是運用奇門遁甲的出行訣來選時間及場地，新產品上市才能每每成功！這位行銷總監別的奇門技巧都不會，就只會一招，就只會用「奇門出行訣」選時空，真是好一隻聰明的「奇門鳥」啊！

奇門出行訣，古代用於兵法，可以選擇什麼時間出兵、在哪兒排兵佈陣，以期得機得勢打勝戰。流傳至現代的應用，最適合用於商戰，舉凡商務接洽談判、銷售簡報、公司會議、年度計劃發表、新產品上市等等，只要會用奇門盤選擇有利的時間及方位來進行這些重要的商業活動、業務，都能有助於提升運勢、達成目標、完成使命！

這套「奇門出行訣」的應用我在前言裡也提到過，一九八四年大學聯考時，我就是用它來提升考運，增加自己的考試分數，只不過因為當時聯考一考就是一整天，我用的是日盤，而不是本書所用的時盤而已。

奇門遁甲依用事時間的長短，可分為「時盤、日盤、月盤及年盤」。

時盤：

若是一個時辰至兩個時辰之間的事情，可依據用事的「時辰」來挑選有利的「方位」去辦事。如接洽客戶、銷售談判、開市開工、考試面談、投資買賣、相親結婚、求醫祛病、出差旅遊、拜拜祈願等。

日盤：

如果是需要花上一整天的事，如開整天的會議、客戶拜訪、升學就職考試等，時間會持續一兩天，或兩個時辰以上之事，可依據用事的「日子」挑選有利的「方位」去辦事。

月盤：如果是需要花上好幾天到外地、遠地出差、辦事或旅遊，時間長達一兩個月內，或數天以上的事，則可依據用事的「月份」挑選有利的「方位」去辦事。

年盤：若要出國留學、移居外地等必須待在外地好幾個月或數年的事，則可依據用事的「年份」來挑選有利的「方位」去辦事。

第二節 為什麼運用奇門出行訣可提高辦事勝率

奇門遁甲其實是一門「時空能量學」，「時」是時間，「空」是空間、方向、位置，「能量」就是炁（音為「氣」）。奇門遁甲就是一門計算在什麼時間，炁（能量）會往哪方向走、或運行到什麼地方、空間的學問。

炁是一種超流體（super fluid），呈螺旋狀運動，帶動日月星辰的運轉，你可以把它想像成像風或水一樣的流體，所以中國人講風和水，「風水」就是一種「炁」的運用。

樹葉飄動，是因為風在吹；帶動日月星辰運轉的，是因為炁在帶動。

假設有二隻鳥，一隻懂得奇門遁甲，我們姑且稱這隻鳥叫「奇門鳥」，而另外一隻不懂奇門遁甲。懂得奇門遁甲的「奇門鳥」會計算風向，知道風的流向（炁的流向），知道何時（時間）何方（空間）順風（挑對我有利的）起飛，讓自己飛得又輕鬆又快速。也就是說，花更少的時間及努力，可以得到較大的成就進展，飛得事半功倍，何等逍遙自在。

而另一隻不懂得奇門遁甲的鳥，不懂風向，到處亂飛，不知何時才能到達目標。

水流好比炁流（氣流），水上落葉隨漩渦轉動，好比日月星辰被炁帶動，Who drives everything ?是「炁」。所以自古掌握了這門時空的奧義之學，掌握了「炁」的知識的人，是竊天地之炁的人，就是會奇門遁甲之術的異人。

人不努力，不太可能會成功，但努力了，就一定能心想事成嗎？也不一定，因為關鍵在運勢，在於有沒有得運。那麼什麼又是「運勢」呢？

順風（炁）而飛，叫事半功倍，叫做運勢好；逆風（炁）而行，叫事倍功半，運勢差。

如何掌握運勢（炁的運行），在於得機得勢；如何掌握運好的勢（搭上順風之炁），在於得機得勢。機為時機、時間（天時），勢為地勢、空間、方位（地利），也就是掌握了在何時、何方（得機得勢）會有順風的、能幫助我辦事、事半功倍的吉炁（有利的能量），就是掌握好運勢。

奇門遁甲以自己為中心立太極，計算八個方位炁的流動，稱為「八門」。這八種炁的流動，代表八種炁的作用，吉門代表對我有利的炁的作用，凶門代表對我不利的炁的作用。

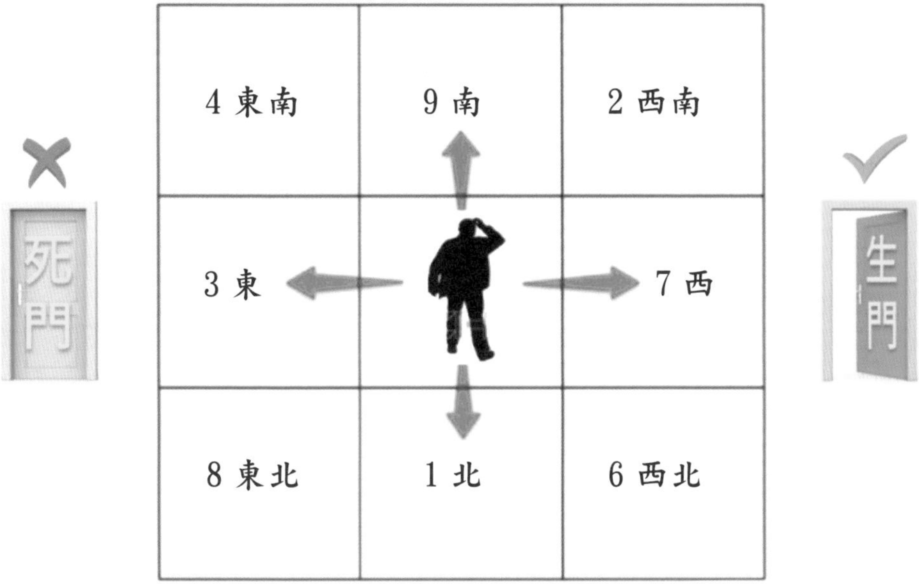

圖 91：奇門遁甲以「八門」來指示八個方位的吉凶。

這八個門（八個方位）分別稱之為：休門、生門、傷門、杜門、景門、死門、驚門、開門。其中「休門、生門、開門」三個門為吉門，代表門戶通道暢通，在此時間往此方向去辦事，納的是吉炁，做事可以順利，事半功倍！

＊休門：休閒和諧氣氛輕鬆，最利婚戀感情、家庭和睦、拜見貴人。

＊生門：生長、生生不息、源源不絕、最利生意求財。

＊開門：開拓發展，最利工作升官。

「門」指的是門戶，也就是一種通道。門戶通道暢通，稱之為「吉門」，則做事順利，可事半功倍；門戶通道不暢通，則做事遇阻，辦事有阻力，稱之為「凶門」。

每個時辰以你所在之處為中心點，奇門遁甲可以幫你辨識出此時位於你四周的八個方位中哪些是吉門？哪些是凶門？而這八門是隨時間、隨每個時辰而變動的。所以要出門辦事，首先就要選對正確的方向、方位，出吉門去辦事，才能提升運勢、心想事成。

其實奇門遁甲根據使用的時機及目的，八門各有所用，只是其中「休生開」三吉門特別有利，百事皆吉！

＊休門：休閒和諧，氣氛輕鬆，休解排解，與婚戀家庭、貴人相助有關。

＊生門：蓬勃發展、生生不息，與生意、求財、健康、活力有關。

＊傷門：狩獵追捕，與競技、爭奪、討債有關。

＊杜門：沉潛蟄伏，與隱匿、躲藏、技術學習有關。

＊景門：光明亮麗，與考試、功名、前景、廣宣、喜宴有關。

＊死門：除吊喪、殯葬之外，其餘諸事不宜。

＊驚門：突發驚疑，與口舌、爭訟、演說有關。

＊開門：開拓發展，與事業、開創有關。

第三節 奇門出行訣「擇吉」四步驟

如何運用奇門遁甲選局、選奇門時空，找到辦事方位呢？

步驟一：

先確定事項，求財找生門，感情找休門，工作找開門（其實『休生開』三吉門皆好，皆可用）。

步驟二：

方位固定的話，選吉時；時間固定的話，選方位。

步驟三：

＊檢查三吉門是否位於合適的宮位，若沒有，則捨棄該宮位不用。

＊檢查三吉門所在的宮位內有沒有出現不吉或不利宮位的符號，若有，則捨棄該宮位不用。

步驟四：

若逢「五不遇時」，這個時辰也必須捨棄不用。

五不遇時，不用！	
時天干	日天干
庚（金）	甲（木）
辛（金）	乙（木）
壬（水）	丙（火）
癸（水）	丁（火）
甲（木）	戊（土）
乙（木）	己（土）
丙（火）	庚（金）
丁（火）	辛（金）
戊（土）	壬（水）
己（土）	癸（水）

圖 92：若時辰為「五不遇時」則捨棄不用。

最後，與對方約好時間和地點，等吉時一到，前往吉方，依約前行。

以下我們以「時間固定，選方位」來示範。

case1

假設我是一個保險業務員，約了客戶在二〇二〇年四月十八日星期六下午十四時談保險，我該跟客戶約哪兒談，保單比較有機會成交？

1先確定事項，求財找生門，感情找休門，工作找開門（其實「休生開」三吉門皆好，皆可用）。

客戶難得有空，我希望此次保單能快速談成，因為是「談生意」，當然要選用「生門」為主，生門最利談生意、求財，若「生門」所落宮位不成，再找「開門」及「休門」，這樣第一個步驟就完成了。

2時間固定，選方位。

因為客戶只有二〇二〇年四月十八日星期六下午十四時有空，所以當時間已由對方決定之後，能選擇的就是當天哪個時辰、哪個方位是吉方了。

打開奇門APP，把時間撥至約定時間二〇二〇年四月十八日十四時，然候按

「起盤」，睜大眼睛找生門的宮位，結果「生門」落在「兌7宮」，西方。

巽4宮 東南	離9宮 南	坤2宮 西南
震3宮 東	中	兌7宮 西
艮8宮 東北	坎1宮 北	乾6宮 西北

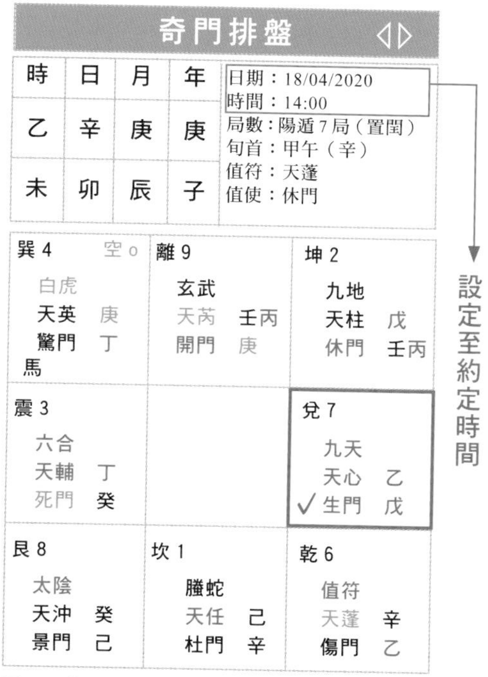

圖93：將時間撥至約定時間，起盤後找「生門」所在宮位。

3檢查三吉門。

與上一章找桃花位佈局的原則一樣，「生門」的宮位內不可有以下符號出現：

＊宮位內不能有「白虎、空亡o」出現，有則捨棄不用。

＊「休門」只能出現於：

震3宮（但不能有戊天干出現，有則捨棄不用）。

巽4宮（但不能有壬、癸天干出現，有則捨棄不用）。

兌7宮、乾6宮。

＊「生門」只能出現於：

乾6宮、兌7宮。

離9宮（但不能有辛天干出現，有則捨棄不用）。

＊「開門」只能出現於：

坎1宮、兌7宮。

坤2宮（但不能有己天干出現，有則捨棄不用）。

艮8宮（但不能有庚天干出現，有則捨棄不用）。

我們檢示了一下此例，「生門」宮位內沒有「白虎、空亡o」，且「生門」位於「兌7宮」，所以這個位置是可以選用的。

而且「生門」所在的宮位內還有吉神、吉星、吉門，天盤干及地盤干也是吉，可說是一個大吉的宮位！

兌 7	
九天	
天心	乙
✓ 生門	戊

圖 94：生門在兌 7 宮，且沒有出現不利符號。

4 最後一步，檢查此時辰是否為「五不遇時」。

這個奇門盤的時間為乙未時、辛卯日，時天干「乙」為陰木，日天干「辛」為陰金，因五行「木」沒法剋「金」，所以此時辰不是「五不遇時」。

五不遇時

時天干	日天干
庚（金）	甲（木）
辛（金）	乙（木）
壬（水）	丙（火）
癸（水）	丁（火）
甲（木）	戊（土）
乙（木）	己（土）
丙（火）	庚（金）
丁（火）	辛（金）
戊（土）	壬（水）
己（土）	癸（水）

奇門排盤

時	日	月	年	
乙	辛	庚	庚	日期：18/04/2020 時間：14:00 局數：陽遁 7 局（置閏） 旬首：甲午（辛） 值符：天蓬 值使：休門
未	卯	辰	子	

巽 4　空 o 白虎 天英　庚 驚門　丁 馬	離 9 玄武 天芮　壬丙 開門　庚	坤 2 九地 天柱　戊 休門　壬丙
震 3 六合 天輔　丁 死門　癸		兌 7 九天 天心　乙 生門　戊
艮 8 太陰 天沖　癸 景門　己	坎 1 騰蛇 天任　己 杜門　辛	乾 6 值符 天蓬　辛 傷門　乙

圖 95：時間為乙未時、辛卯日，不是「五不遇時」。

結論是，二〇二〇年四月十八日下午十三時至十五時，西方（兌7宮）為大吉方，往西方去談生意（生門）、做銷售、辦事，可以提升運勢，增加勝算，心想事成！

選好了吉方，最後只要跟客戶約在這個時間，地點定在你的所在地（出發地點）的「西方」與客戶碰面即可。

若是時間充裕，你也可以事先找好一家咖啡廳或餐廳，等時間一到，你再往西方前進赴約（行進過程時間最好至少有十五至三十分鐘），這樣自然攻無不克，戰無不勝！

這個案例清楚呼應了前面所提到的，奇門遁甲其實是一門「時空能量學」，是一門計算時間、能量、和空間的學問。

＊在什麼時間：二〇二〇年四月十八日下午十三時至十五時（時間）。

＊有什麼樣的炁（能量）：生門，利生意求財。

＊會往哪方向走：兌7宮，西方（空間）。

只要學會掌握時空、選擇有利的時間和方位去辦事，奇門遁甲就能助你一臂之力，讓你提升運勢，帶來好運，辦事事半功倍！

case2

另外再舉一個「方位固定，選吉時」的例子來示範。

假設我最近喜歡上一個女孩兒，想約她下了班吃晚餐，她公司在我公司的西方，我該跟她約什麼時間，才能讓對方在這次約會中對我留下好的印象？

步驟方法其實大同小異：

1先確定事項，感情找「休門」（其實『休生開』三吉門皆好，皆可用）。

2方位固定，選吉時。

打開奇門APP，按「現時」。看看對應方位的宮位內是否有「休門」（生門或開門亦可）。

若是沒有，就繼續撥動下一個時辰的時間鍵，一直找到對應宮位內有「休門」（生門或開門亦可）。

3檢查三吉門。

檢查三吉門是否位於合適的宮位，若沒有，則捨棄該宮位不用。

檢查三吉門所在的宮位內有沒有出現不吉或不利宮位的符號，若有，則捨棄該宮位不用。

4檢查此時辰是否為「五不遇時」。

因為現在的目標是與男女感情有關的約會，因此以「休門」為主，休門最利約會、談感情，若真的選不到好的「休門」落宮，再找「生門」及「開門」，這樣第一個步驟就完成了。

而男約女，禮貌上男方應主動去找女生，以這個例子來說，方位已經固定了，女方在男方的住家或公司的西方。方位已固定，則選時間，選一個奇門時間在「兑7宮」有「休門」，而且沒有不利符號的奇門盤。

假設我們要開盤選約會的時間是二〇二〇年四月九日十九點十二分，打開奇門APP，按「現時」起盤，然後睜大眼睛看「兌7宮」（西方）裡是否有「休門」。

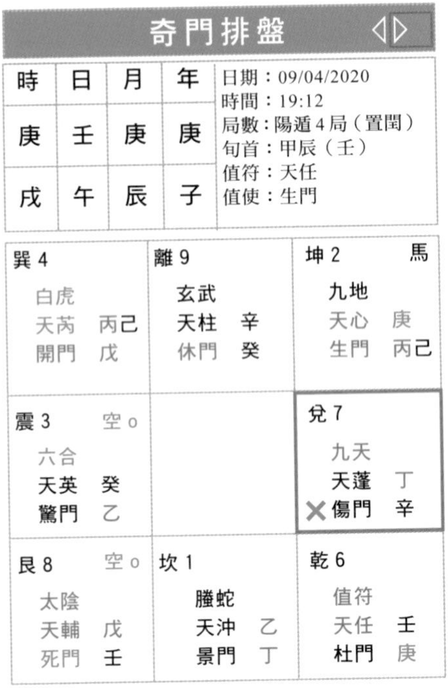

圖 96：2020 年 4 月 9 日 19:12，兌 7 宮不見休門。

結果這個時間的奇門盤中「兌7宮」沒有見到休門，而且也不見生門或開門。沒有怎麼辦？點選下一時辰的時間鍵，一直找到對應的兌7宮內有休門（或生門、或開門）。

時間撥到二〇二〇年四月十三日十九點十二分，兌7宮內有休門，且沒有出現「白虎、空亡o」，這個時辰，也非「五不遇時」，我們終於找到約會時間了！

奇門排盤

時	日	月	年	日期：13/04/2020 時間：19:12 局數：陽遁1局（置閏） 旬首：甲午（辛） 值符：天輔 值使：杜門
戊	丙	庚	庚	
戌	戌	辰	子	

巽4　空o 六合 天柱　丁 死門　辛	離9 白虎 天心　癸 驚門　乙	坤2　馬 玄武 天蓬　戊 開門　己壬
震3 太陰 天芮　己壬 景門　庚		兌7 九地 天任　丙 ✓休門　丁
艮8　空o 螣蛇 天英　乙 杜門　丙	坎1 值符 天輔　辛 傷門　戊	乾6 九天 天沖　庚 生門　癸

圖97：2020年4月13日19:12，兌7宮見休門。

最後，預定好餐廳，跟對方約定好時間，吉時十九時一到，往西方前行，享受兩人的浪漫燭光晚餐。

寫在後面

給人希望，功德無量

奇門遁甲中的「奇」，指的是「三奇」，意即「乙、丙、丁」三個天干，其中「乙奇」又稱「日奇」，「丙奇」稱「月奇」，「丁奇」稱作「星奇」，因此乙丙丁三個天干合稱為三奇，其中又以「丁奇」最為神奇。

各位可能疑惑，為何「星星」不如「太陽」或「月亮」那麼明亮，為何「星奇」反而最神奇？

因為人在遭遇逆境或身受困苦折磨之時，猶如在沙漠之中，幾天幾夜沒水喝沒命的趕路，這時假若看到了遠處的綠洲，就有機會絕處逢生；或像古人夜晚在深山老林裡趕路，在黑夜之中，可能迷路也可能遇到凶禽猛獸被吃掉，心中惶恐無助，在絕望之時，若突然看到遠處一點點像星光的光亮，可能遇到店家或人家了，這時即使是微小的光亮也象徵著希望，如同獲得轉機，就可讓人有勇氣抱著希望繼續走下去。

所以「丁奇」，也就是「星奇」最神奇。星光雖小，但卻在人最需要的時刻出現，給人光明、希望、轉機，讓人得以繼續前行。

因此我會在每個階段課程的最後一堂課時，與學員們分享這一句話：「給人希望，功德無量！」每一個個案，當他們失意、難過傷心、悲觀、身處逆境低潮時來找你，除了幫個案做預測、佈局解決問題之外，更要傳遞「昨日因，造成今日果」的觀念，協助個案找到自己犯錯的原因，懺悔悔過，並協助個案改正自己的觀念、行為、想法，以後才不會重蹈覆轍。

個案諮詢，不能讓對方只帶著傷心難過離開，我會期許每個學員扮演「丁奇」的角色，在個案難過悲傷、沒有人疼、沒有人愛、沒有人幫的時候，撫慰安定人心，給對方肯定、關心、讚美，對未來充滿希望，讓每一個個案都能重新生出勇氣，帶著正面力量走下去。

而當你幫助對方解決了問題，有緣下次再見時，或許對方已能帶著喜悅、噙著感恩的淚水真誠地對著你說：「謝謝你，你救了我！」或是我最常聽到的是：「You inspire me!」（你啟發了我），那時，給你最大的回饋，不是那紅包，而是那一張令人動容的臉，以及那充滿感激及對未來充滿希望的眼神啊，午夜夢迴夜深人靜時，你才會慶興，你學會了奇門！

那時，你一定可以深深體會我現在所說的：「給人希望，功德無量！」以及「沒本事，你怎麼幫人？責任越大，能力要越大！」

沒本事，怎麼幫人？責任越大，能力要越大！

如同我在〈寫在前面〉所寫的那一段：

人的一生或長或短，總難免有遭遇逆境或困難的時刻，在我的認知中，「奇門遁甲」乃居家必備良藥，就如同川貝止咳露或正露丸一般，每個家庭至少要有一個人懂得奇門才好，如此才能在生活的各個面向中，必要時刻運用奇門來幫助自己及家人。奇門是很生活化的，應該深入、普及到每個家庭，不應該像古時候鎖在皇宮內院只讓一人獨享，也不應該只有研究或從事命理風水的人才有機會享用它所帶來的好處。

因此我的終極目標，就是將「奇門遁甲」生活化、普及化。

我期望這本書能夠為讀者帶來生活上的幫助，在人生面臨低潮或逆境，求助無門、嚐盡人情冷暖、無人伸出援手，或不知該如何抉擇的時候，還能有奇門可以幫助自己。

每每在面臨家人、親人或朋友有困難之時，懂得奇門，就有了助人的能力與工具。我在上課時常對學員們耳提面命：「沒本事，你怎麼幫人！」空有一顆雞婆心、慈悲心，但沒有能力，沒把奇門學好，幫不上忙只能空著急，尤其是自己的親人遭遇困難時，那更是難受。

在我的課堂上，有很多身為企業老闆的學員，我本來以為他們要解決的問題，或是想要佈的風水局，多半是跟他們的生意有關，可是當我一問，他們的回答竟多是：「我想要幫小孩佈文昌局。因為我雖然是全球知名的外商企業總經理，但我在工作上會遇到的問題都已處理幾十年了，早已駕輕就熟，最讓我困擾的，反而是孩子的書唸不好，被老師罵『笨』，還被同學嘲笑霸凌，我的孩子不願去上學，老婆也為了這問題常與我爭執，所以我只希望奇門遁甲能幫幫我的小孩，能在學業上進步，讓他有信心不再害怕上學。說真的，有時候我真恨不得自己能代他承受、幫他唸書，他是善良的孩子，他只是不會唸書呀！」

這樣類似的個案很多，有的是自己的小孩創業，被大企業告，犯了官司，嚇到傻了，一夜之間驚嚇到退化成一個小孩，父母傷心難過，求助無門；有的是老婆患了難以見人的疾病，不願出門，終日躲在家裡，以淚洗面等等。當一個個在外看來光鮮亮麗、令人稱羨的總經理、老闆、高階經理人，這些社會上所謂的成功人士，他們所面對的問題、所要解決的問題，反而不是自己，而是他的親人。我深刻的體會到，這才是人生啊！不管你身分、地位、財富多寡，只要是人，都可能面臨相似的問題，最難過的、最過不去的事，反而是自己家人和親人的事。

奇門遁甲盤總共有六十四個符號，每個都是你的貴人，每個符號都等於是一個高我、指導靈、高維的能量團、神明、神祇，不管你稱呼祂為什麼，皆是貴人。奇門遁甲是一個貴人系統，當你有緣接觸並學會了奇門遁甲，就等於擁有了強大的靠山，有各種不同能力，擁有在危難時能給你助力的貴人。就像催桃花時可以找休門、找六合幫忙；想催官的可以找值符、找開門；想催財的可以找生門、找九星（九星皆為財星），只要學會了奇門，就等於擁有了六十四個貴人和靠山助你一臂之力！

所以請好好珍惜，借用蜘蛛人講的一句話：「能力越大，責任越大！」但我要這樣講：「責任越大，能力要越大；沒本事，你怎麼幫人！」好好掌握奇門，一定要熟悉熟練，你一定用得上！

面對困厄，你是在「幫」他趨吉避凶？還是在「剝奪」他學習和成長的機會？

人總有困難或迷茫的時候，學會了奇門遁甲，可以在碰到問題或處於逆境時，借助奇門遁甲幫自己一把。上天有好生之德，賜於我們奇門遁甲之術，可以在困境之時助己助人。但我教奇門，絕非鼓勵倚賴奇門，剝奪一個人學習成長的機會，一味的用來避開、閃開、躲開自己人生本來應該修煉的課題，反讓人們存著僥幸的心理，落得處理任何事情只知道依靠外力，自己不努力、不求成長。

於天道而言，人生的命數雖然有一定的「前定」，但修身的境界可以改變，而且最重要的不是趨吉避凶，不是躲開它、閃開它，而是擔當以了業、擔當以覺悟、擔當以明道、擔當以修身、擔當以成就。**擔當比占卜更有力，擔當比佈局更重要！**不論是厄運還是幸運，需要「擔當」和「承受」，才能得以成長。

所以，面對困厄時，你究竟是在幫個案趨吉避凶？還是在剝奪他學習和成長的機會，一念之間。

每一次個案的諮商，都是一次改變人心的機會，我們扮演著「丁奇」的角色，在諮商結束時，對方是否看見了希望？看到了光明？是否抱著正面的想法？擁有力量充滿信心地繼續走下去？預測準不準，佈局達不到達到期望，反倒是其次了。

展望未來

最後，期待對奇門有興趣的朋友們，我們日後有見面的機會，也祝福讀者們身體健康、心情愉快、心想事成！最後，青山不改，綠水長流，咱們後會有期了！

若是對奇門有興趣，想更進一步學習奇門遁甲，子奇老師目前提供的奇門課程系列有三種，詳細內容請上子奇老師奇門遁甲官網查詢：www.tzchimen.com。

「陰盤奇門」大師研究

必須先上過子奇老師的「陰盤奇門」初中高。

「陰盤奇門」初中高

適合無基礎的新手參加

九宮奇門

「陰盤奇門」初中高：

* 預測：滿盤多宮占，以四害斷吉凶。
* 解局：化解矛盾、障礙、不利因素。
* 催運：針對個人時空，調理風水、提升運勢。
* 更多化解、佈局、調理高層技法。

（重點在化解、佈局、調理）

九宮奇門：

* 預測：單宮占，以吉凶符號斷吉凶。
* 解局：九宮運籌。
* 催運：切入集體時空，出行、風水佈局，提升運勢。
* 更多預測其他運用。

（著重在預測的多元運用）

課程二「陰盤奇門」初中高三階課程（著重在化解、佈局、調理，新手可學）

目前線下面授課程所教授的，是以「陰盤奇門」的式盤為主，其中融合了諸多「陽盤奇門」和「紫微斗術」的技法與心法，主要斷法及應用的是傳統奇門所用的「滿盤（或多宮）占」。

在預測占卜方面，「九宮奇門」的主要訴求是直接給問測者一個吉凶成敗的結論，以及提供可能的基本原因。不過在我所教的「陰盤奇門」中，學員們可以學會了解一件事的來龍去脈，追蹤未來發展變化。小則可以探究一個或二個人事物之間關係的對待、緣分的變化，大則可看一個企業的各類商業問題、企業診斷、內外各個單位的利害關係，以及競爭對手、客戶市場、廣告銷售等等範圍。

這些問題都可在「陰盤奇門」裡得到答案，因為「陰盤奇門」的滿盤多宮斷法，把「奇門式盤」視為古代打戰用的「沙盤」，使用多個宮位，可以模擬真實世界的人、事、物、或組織單位，猶如戰場上的我軍、友軍、敵軍，把這些置於奇門盤裡進行沙盤推演，了解彼此的競合、利害關係，模擬可能的未來發展，找出機會威脅，小到兩個人的戀愛關係，大到商場上的競爭，都可以預測推演！

例如感情問題，陰盤奇門可以很細膩、深入的探討兩人之間的「吉凶、得失、對待、過程、進退」等等問題。

* 他／她的心裡到底有沒有我？
* 我們有沒有緣分在一起？還是有緣無分？
* 他／她除了我，還有沒有別的情人？
* 什麼時候才有對象出現？
* 他／她對我的付出是真心的嗎？
* 我們到底會不會分手？

在風水佈局方面，「陰盤奇門」與「九宮奇門」課程設計裡最大的不同在於「陰盤奇門」可以針對個人目前遭遇處境裡所碰到的矛盾、障礙及不利因素一一化解，而這是「九宮奇門」裡較少涉及的。

就像一個人生病了，不能只吃維它命、補藥去提升健康，而應該經由辨症找到問題，然後對症下藥，先把病處給除了。病症、病源處理好了，身體自然也就健康了。

例如店面生意不好，想提升店面生意，固然在「九宮奇門」可以催財局，但應當先開奇門盤，用「陰盤奇門」的預測診斷，找出生意不好的原因，再對症佈局調理，這樣才有比較好的效果。

例如客人少（客人的宮位空亡）就佈局增加客人；員工離職多、不和睦，就調整員工向心力等。這樣矛盾、障礙及不利因素化解了，之後再佈財局，這樣效果才能凸顯。否則根本問題沒解決，即使佈了財局，要嘛，不是前面進財、後面漏財，不然就是根本沒有財源或財源出問題，問題沒解決，即使佈了財局，財局恐不持久或效果差。

在催運佈局方面，陰盤奇門的佈局主要是針對個人時空，用以調理風水、提升運勢（改變奇門局）；而「九宮奇門」則是切入集體的奇門時空，藉由好的時空來做風水佈局（迎合奇門局）。最大的差別在於，九宮奇門催不了的，陰盤奇門有機會能成，尤其是「陰盤奇門大師班」進階技法中的「移神換位」技法，可以變換宮位的結構、改變宮位間的關係來佈局，以達成心中的期望。

因此，「陰盤奇門」著重於多樣化的佈局運籌調理（改變未來），而「九宮奇門」則著重於多樣化的預測占卜（預測未來），一個著重「改變」，一個著重「預測」。

想學陰盤奇門遁甲，卻沒有任何命理風水基礎的朋友們也不必擔心，因為子奇老師擅長教「新手」（白的像一張紙，沒有任何命理風水基礎的人）。有學員曾說過：「想學奇門遁甲就得跟子奇老師學習，因為子奇老師很會教，如果跟子奇老師學奇門遁甲還學不會，大概也沒有老師可以教會你了！」

課程 「陰盤奇門」大師研究班課程

欲參加大師研究班的學員，必須先上過子奇老師的初、中、高級班奇門遁甲課程。）

「陰盤奇門」大師研究班課程，是針對給上過子奇老師「陰盤奇門」初中高三階課程，對奇門很有興趣，想更進一步深造，或是想成為一位專業的執業命理風水師的朋友所設計的。

課程裡會釋出更多高端的預測與化解催運的技法與心法，包含奇門高層斷局中的高層技法，**祕傳占斷二十法訣**，它是奇門斷法的祕中之祕，古代所有修習奇門的人無不視其為至寶。

＊**取用神心法：**天機藏於動處，動處有玄機，介紹奇門七動。一局到手，先分動靜。無極生太極，一動而分陰陽動靜，有動靜而後有損益沖合，最後便有了吉凶禍福。動靜是因，損益沖合是象，吉凶是果。

＊**象法心要：**介紹象意六法——取象直讀、象意定位、交叉取象、尋象應數、象意組合、重覆取象，及奇門五大類象系統：奇門符號、四柱、十二長生、六親類象。

＊**祕傳占斷二十法訣：**奇門遁甲因　自古為帝王之學，不讓民間老百姓學習，歷經幾千年，已面目全非，原因在於理法不明，斷了傳承，導致各門各派，各說各話，南轅北轍，此臧彼否，互相矛盾，眾說紛紜，莫衷一是。而「陰盤奇門」大師研究班課程裡所教授的「祕傳占斷二十法訣」，正可以解決上述的問題，對於涉略奇門遁甲多年，很多問題苦思不解的朋友，在這二十法訣裡都可以找到明確的答案。

有學員反饋說：「光聽這二十法訣，繳的學費就太值得了！」

祕傳占斷二十法訣，是奇門高層斷局中的高層技法，也一直是奇門斷法的祕中之祕。此課程中將全部揭露奇門高層斷局二十法訣，動、靜、旺、衰、生、剋、進、退、沖、合、連、屬、刑、空、墓、破、夾、照、伏、反。

＊天地人神化解增運祕法：目前坊間所傳奇門遁甲的化解方法，基本上停留在「解四害」，而它只是奇門佈局調理中點、線、面中「點」的解法，奇門佈局調理除了「移星換斗」大法，還有佈局最高層次的「九宮運籌之法」、「移神換位大法」，以及「行為風水調理大法」。尤其以「環境風水＋行為風水＋奇門出行訣」結合使用，處理起來更為靈活，可達到更大效果。

課程三 「九宮奇門」針對的小白入門課程，入手簡單、應用多元、一眼立判

史上最簡單、應用最多元、最犀利的「九宮奇門」課程共有十四個單元，本書所談的只是基礎的一部分，課程內容絕對有別於坊間教學手法，此乃子奇老師疫情期間領悟所得，總結過去教學經驗及老子道德經之體悟，屬於全新釋出之課程！課程內容包含：

❶ 教卜卦，三秒鐘預測占卜，一眼立判，最多十分鐘，保證學得會！

❷ 教算命，奇門終身命盤，斷大運，斷流年，比八字紫微簡單，斷得比八字紫微還多！

❸ 教風水，含形家、理氣，融合古法風水，簡單、犀利、快速、直接！

❹ 教奇門擇時空，出門辦事，約會、考試、銷售、談判、開運、化解等等，事半功倍，心想事成！

❺ 教看手機號，手機號我還嫌太麻煩，除用手機號論人斷事之外，還傳授江湖

祕技，不用任何工具、不起奇門盤即可預測斷事，隨時隨地要測何事？過去哪一年、哪一月發生何事？張口即斷！

❻催財、官、情等等，有別於陰盤奇門，馬上催、馬上成，收效快速！

❼諸多祕法、彩蛋，隨緣釋出。

一次學習，學會七大應用，包含一位職業風水命理師所需所有技能，卜卦，算命，風水，手機號、車牌、門牌、身分證、擇吉辦事，催運等等，江湖絕技，張口即斷。

方法簡單、易學、神準、奇效，每項技能，快則半小時，多則三小時就能學會，一次學習七大技能，通通打包帶回家！

高手出手就一招，用了各門各派功夫技巧，打了半天還打不倒，那叫功夫嗎？

簡單、犀利、快速、直接、粗暴、有效，簡單就是硬道理，大道至簡！

後續更多課程內容包括：

單元01 奇門鎖單宮做預測
單元02 奇門符號精解
單元03 奇門造單宮看手機號
單元04 奇門看生活領域
單元05 奇門看一生運程
單元06 奇門看全家所有人
單元07 奇門看健康疾病
單元08 奇門看陽宅風水
單元09 奇門看店面企業
單元10 奇門出行訣
單元11 奇門催官局
單元12 奇門催文昌
單元13 奇門催財局
單元14 奇門催桃花
（還有隱藏版彩蛋，隨機釋出，請關注子奇老師臉書貼文更新）

國家圖書館出版品預行編目資料

九宮奇門：做決策、卜運勢、看風水、催桃花，人人都可用奇門遁甲助自己心想事成／子奇老師 著 -- 初版. -- 臺北市：春光出版，城邦文化事業股份有限公司：英屬蓋曼群島商家庭傳媒股份有限公司城邦分公司發行，民110.04
面； 公分. --（命理開運）
ISBN 978-986-5543-16-7（平裝）
1.奇門遁甲 2.占卜
292.5 110003639

九宮奇門

做決策．卜運勢．看風水．催桃花，人人都可用奇門遁甲助自己心想事成

作　　者／子奇 老師
企劃選書人／劉毓玫
責 任 編 輯／何寧
特 約 編 輯／劉毓玫

版權行政暨數位業務專員／陳玉鈴
資深版權專員／許儀盈
行 銷 企 劃／陳姿億
行銷業務經理／李振東
副 總 編 輯／王雪莉
發　行　人／何飛鵬
法 律 顧 問／元禾法律事務所　王子文律師
出　　版／春光出版
台北市 104 中山區民生東路二段 141 號 8 樓
電話：(02) 2500-7008　傳真：(02) 2502-7676
部落格：http://stareast.pixnet.com/blog E-mail：stareast_service@cite.com.tw
發　　行／英屬蓋曼群島商家庭傳媒股份有限公司城邦分公司
台北市中山區民生東路二段 141 號11 樓
書虫客服服務專線：(02) 2500-7718 / (02) 2500-7719
24小時傳真服務：(02) 2500-1990 / (02) 2500-1991
服務時間：週一至週五上午9:30～12:00，下午13:30～17:00
郵撥帳號：19863813　戶名：書虫股份有限公司
讀者服務信箱E-mail: service@readingclub.com.tw
歡迎光臨城邦讀書花園　網址：www.cite.com.tw
香港發行所／城邦（香港）出版集團有限公司
香港灣仔駱克道 193 號東超商業中心 1 樓
電話：(852) 2508-6231　傳真：(852) 2578-9337
E-mail : hkcite@biznetvigator.com
馬新發行所／城邦（馬新）出版集團　Cite(M)Sdn. Bhd
41, Jalan Radin Anum, Bandar Baru Sri Petaling,
57000 Kuala Lumpur, Malaysia.
Tel: (603) 90578822　Fax:(603) 90576622　E-mail:cite@cite.com.my

封 面 設 計／徐小碧工作室
內 頁 排 版／徐小碧工作室
印　　刷／高典印刷有限公司

■ 2021 年（民 110）4 月 6 日
■ 2023 年（民 112）10 月 23 日初版5刷

Printed in Taiwan
城邦讀書花園
www.cite.com.tw

售價／550元

ISBN 978-986-5543-16-7

廣　告　回　函
北區郵政管理登記證
台北廣字第000791號
郵資已付，免貼郵票

104 台北市民生東路二段 141 號 11 樓

英屬蓋曼群島商家庭傳媒股份有限公司
城邦分公司

請沿虛線對折，謝謝！

書號：OC0087　　書名：九宮奇門
做決策・卜運勢・看風水・催桃花，
人人都可用奇門遁甲助自己心想事成

請於此處用膠水黏貼

讀者回函卡

謝謝您購買我們出版的書籍！請費心填寫此回函卡，我們將不定期寄上城邦集團最新的出版訊息。

姓名：________________________

性別：☐男　☐女

生日：西元__________年__________月__________日

地址：____

聯絡電話：________________　傳真：________________

E-mail：____

職業：☐ 1. 學生 ☐ 2. 軍公教 ☐ 3. 服務 ☐ 4. 金融 ☐ 5. 製造 ☐ 6. 資訊

☐ 7. 傳播 ☐ 8. 自由業 ☐ 9. 農漁牧 ☐ 10. 家管 ☐ 11. 退休

☐ 12. 其他 ________________________________

您從何種方式得知本書消息？

☐ 1. 書店 ☐ 2. 網路 ☐ 3. 報紙 ☐ 4. 雜誌 ☐ 5. 廣播 ☐ 6. 電視

☐ 7. 親友推薦 ☐ 8. 其他 ________________________

您通常以何種方式購書？

☐ 1. 書店 ☐ 2. 網路 ☐ 3. 傳真訂購 ☐ 4. 郵局劃撥 ☐ 5. 其他 ______

您喜歡閱讀哪些類別的書籍？

☐ 1. 財經商業 ☐ 2. 自然科學 ☐ 3. 歷史 ☐ 4. 法律 ☐ 5. 文學

☐ 6. 休閒旅遊 ☐ 7. 小說 ☐ 8. 人物傳記 ☐ 9. 生活、勵志

☐ 10. 其他 ________________________________

為提供訂購、行銷、客戶管理或其他合於營業登記項目或章程所定業務之目的，英屬蓋曼群島商家庭傳媒（股）公司城邦分公司，於本集團之營運期間及地區內，將以電郵、傳真、電話、簡訊、郵寄或其他公告方式利用您提供之資料（資料類別：C001、C002、C003、C011等）。利用對象除本集團外，亦可能包括相關服務的協力機構。如您有依個資法第三條或其他需服務之處，得致電本公司客服中心電話 (02)25007718請求協助。相關資料如為非必要項目，不提供亦不影響您的權益。

1. C001辨識個人者：如消費者之姓名、地址、電話、電子郵件等資訊。
2. C002辨識財務者：如信用卡或轉帳帳戶資訊。
3. C003政府資料中之辨識者：如身分證字號或護照號碼（外國人）。
4. C011個人描述：如性別、國籍、出生年月日。

請於此處用膠水黏貼